JN421472

SAIL & RIG TUNING

세일과 리그의 튜닝

by Ivar Dedekam

이준 역

GS인터비전

Illustrated Sail & Rig Tuning (9781898660675) by Ivar Dedekam

Copyright ⓒ 2018 by Fernhurst Books

All Rights Reserved. Authorised translation from the English language edition published by Fernhurst Books Limited.

Responsibility for the accuracy of the translation rests solely with GS Intervision and is not the responsibility of Fernhurst Books Limited. No part of the book may be reproduced in any from without the written permission of the original copyright holder.

이 책의 한국어판 저작권은 에이전시 원을 통해 저작권자와의 독점 계약으로 GS인터비전에 있습니다. 저작권법에 의해 한국 내에서 보호를 받는 저작물이므로 무단전재와 무단복제를 금합니다.

저자의 글

이 책은 당신에게 세일과 리그를 가능한 한 최선의 방식으로 트림하는 방법을 가르쳐 줄 것이다. 세일링에 관한 대부분의 책에서는 유체역학을 이론적 보트경으로 삼고 있다. 그러나 이 책을 읽는 독자들이 단념할 필요가 없는 것이 이 모든 주눅 들게 하는 내용들을 깊은 수준까지 이해하지 않더라도 좋은 결과에 도달할 수 있기 때문이다.

유체역학은 극소수의 요트맨들만 깊이 있게 이해하고 있는 어려운 과학 분야이다. "전문가"는 많고 세일과 리그의 작동을 최신의 이론으로 설명하려 한다. 어떤 이론은 애매하고 시간의 시험을 견디지 못한다. 종종 어떤 특정한 경우에 적용이 되고 일반적인 것에는 그렇지 못하다. 경험과 관찰에서 얻은 교훈은 최신의 과학 이론을 깜깜이 식으로 적용한 것, 나아가 당신이 실제 바다에서 하고 있는 것과 연결이 잘 되지 않는 그런 것 보다는 가치가 있다.

이 책에서 저자는 세일링 커뮤니티에서 넓게 동의하는 여러 이론과 엄지손가락 법칙의 정수를 뽑으려 노력하였다. 그래서 세심한 관찰과 상식이 보트에 같이 있어야 할 최선의 동료라는 것을 강하게 느끼고 있다. 다른 대부분의 책과 이 책의 차이점은 우선 이 책은 짧으며 그림이 있는 글에 집중했다는 것이다. 저자의 목표는 당신이 구하려고 하는 여러 정보를 찾고, 이해하고, 기억하기 쉽도록 만드는데 있다.

이 책은 우선 노스 세일(North Sail)의 급행 코스에서 영감을 얻었다. 물론 수많은 세일과 리그 트림에 관한 책에서도 얻었다. 책의 향상에도 물론 도움이 되겠지만 혹시 누군가 저자에게 고칠 점이나 코멘트를 해준다면 대단히 감사하겠다.

모든 독자와 세일러들에게 좋은 세일링과 행운이 함께 하길 기원한다.

아이바 데드캄

역자의 글

평소에도 막연하게나마 그런 생각을 하고 있었지만, 보트 빌더이자 세일러인 박만호 대표와의 맥주 담소에서 세일이나 리그의 튜닝에 관한 책이 있었으면 좋겠다는 조언을 받았고, 그것이 책장에 꽂혀있던 책을 꺼내 다시 작업하게 된 결정적인 이유이다.

이 책은 세일링에 적응한 중급자에게 적합하지만 세일과 리그 트림을 체계적으로 하려는 고급자에게도 도움이 될 것이다. 용어나 세일링 기술에 익숙하지 않은 초급자에게는 부담이 될 수도 있지만 도전해 볼만하다. 이 책의 장점은 책이 얇아 독파하기 쉽고 휴대가 편해 실전에서 참고하기 좋다는 것이다. 이 간단한 책의 내용을 완전히 소화하고 -저자도 얘기 했듯이- 세밀한 관찰을 통해 보트에 적용하고 기록하는 것이 밥 먹듯이 친숙해 질 때 까지 부단한 노력이 필요할 것이다. 그리고 난 후 다른 책을 통해 더 깊이 있는 내용을 살펴보는 것이 좋지 않을까 한다.

편역자의 경험으로도 세일과 리그 트림에 있어 체계적으로 접근해서 관찰하고 "자기 것으로 만드는 것"이 매우 중요하다. 시간이 많이 걸릴 뿐만 아니라 따로 정리도 잘 해두어야 한다. 세일과 리그 트림 외에도 보트의 최대 성능을 뽑아내기 위해 준비해야 하는 것들이 너무나 많다는 것을 말해 두고 싶다. 가령 세일과 리그와 관련해서는 세일차트(Sail chart)나 스피드 차트(Speed chart)가 그것이다. 그러나 그 전에 해야 하는 것이 바로 세일과 리그의 튜닝이다.

책을 번역함에 있어 가장 큰 문제는 책에서 사용하는 각종 용어에 해당하는 우리나라 말을 찾는 것이었고 아쉽게도 쉽지 않은 일이었다. 그래서 하는 수 없이 이해하는 데 있어 오해의 소지를 피하기 위해 가능한 세일링 커뮤니티에서 통용되는 용어를 사용하였다(가령 스피네커는 스핀이라는 약어로 많이 사용한다). 그리고 편역자가 저자의 생각과 다른 부분이나 추가할 사항이 생긴 부분은 해당 페이지 아래에 주석을 달아 두었으니 독자께서는 참고하시길 바란다.

그리고 저자의 책에 추가하여 킬 보트 경기력 향상을 위해 노스세일(Northsails, www.northsails.com)의 J24 튜닝 가이드(Tuning guide)와 관련된 내용을 넣어 두었다. J/24는 대칭 스피네커를 사용하며 세계적으로 많은 요트인들이 타고 있는 보트이다. 튜닝 가이드와 이 책의 내용을 비교해 보는 것도 도움이 될 것이다.

이 책의 편찬에 노력해주신 GS인터비전 송기수 대표님과 공예서 편집자에게 감사드린다. 흔쾌히 책을 출판해주시고 편집해 주셨다.

모든 세일러의 건투를 빈다.

Winds blow the Sky, Boats sail the Ocean

서해 바다를 바라보며 영종도에서 역자 씀

차례

유체역학

보트는 어떻게 바람 쪽으로 움직이는가? 물론 바람을 향해 곧장 나아갈 수는 없지만 30~ 45° 빔으로부터 오는 바람으로 앞으로 갈 수 있다.

종이 한 장을 집어 아랫입술에 대고 바람을 불어보자. **종이의 아래 위에서 공기가 흐르는 속도의 차이로 빨아 당기는 현상이 생기고 이로 인해 종이가 위로 들려지게 된다.**

세일(또는 비행기의 날개)에 공기가 흐를 때도 같은 현상이 일어난다. 세일 형상으로 인해 풍하 쪽(Leeward side)의 공기가 풍상 쪽(Windward side)보다 더 긴 경로를 움직이게 된다. 따라서 세일의 풍하 쪽 공기흐름의 속도가 더 빨라지게 되고 풍상 쪽 보다 압력이 낮아진다(베르누이의 원리는 유체 흐름에서 속도 증가는 압력 감소를 유발한다고 말하고 있다.[1]).

앞서의 이 낮은 압력으로 인해 세일보트는 물에서 풍하 쪽으로 빨려 들어갈 수 있다. 반면 풍상 쪽의 높은 압력도 미는 작용을 할 것이다.

전체 세일 힘(Total sail force)은 그림 3과 같이 소위 양력(Lift)와 항력(Drag), 두 개의 성분으로 나눌 수 있다. 양력은 바람의 수직방향으로, 항력은 바람과 같은 방향으로 생긴다. 바람의 속력이 빨라지면 양력과 항력도 증가하며 항력의 증가 폭이 더 빠르다. 그 결과로 여러 세일형상은 서로 다른 바람 속력에서 최적의 양력/항력 비율을 가지게 된다.

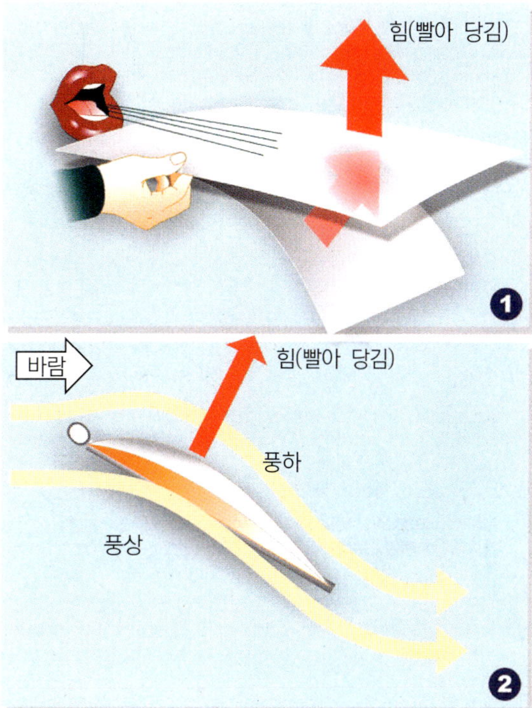

1) 유체역학적으로 이야기 하면 이 말은 틀린 것이다. 베르누이 원리는 유체 중에서 압력과 속도의 상관관계를 나타낸 것이지 저자의 말처럼 인과관계를 이야기하는 것이 아니다. 예를 들어 압력의 차이로 인해 유속의 차이가 생길 수도 있는 것이다. 하지만 결과적으로 이야기하면 풍하 쪽 압력은 풍상 쪽 보다 낮다.

풍상을 범주할 때 '비팅/클로스 홀드'는 양력을 최대로, 항력을 최소로 해야 한다. 반면, 보트의 옆, 뒤에서 바람이 오는 경우 '브로드 리칭과 런닝'에는 항력이 올바른 방향으로 작용하여 보트의 속력에 이바지한다.

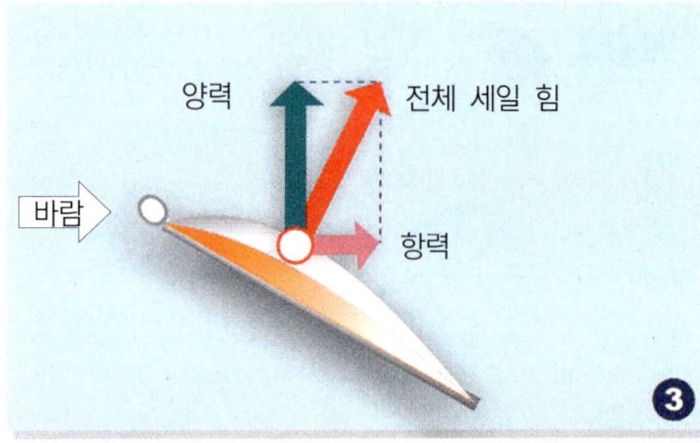

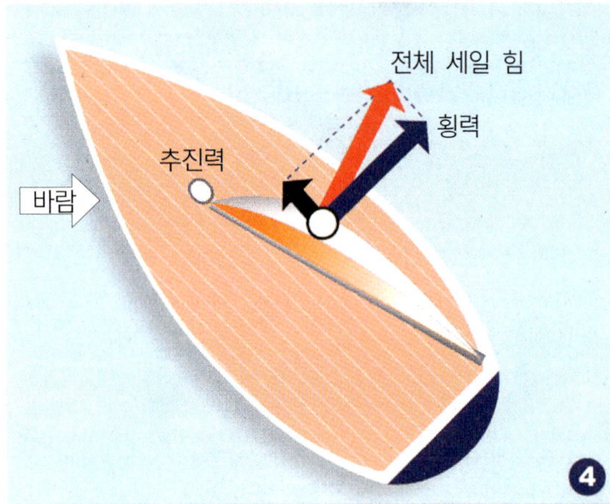

그림 4를 보면 **전체 세일 힘**은 다시 두 개의 성분으로 나눠지는 걸 볼 수 있다. 이 경우는 보트가 움직이는 방향으로 향하는 추진력(Drive force)과 보트의 빔 방향으로 향하는 횡력[2](Side force)이 그것들이다. 횡력은 보트를 횡방향으로 밀어 낸다.

보트의 풍상 범주 성능을 최적으로 만들기 위해서는, 추진력을 최대로 하는 반면, 횡력은 어느 한도 이하를 유지해야 한다.

효율적인 킬(Keel)은 보트의 풍상 범주에서 높은 포인팅 능력을 만드는 주요 인자이다. 이는 효율적인 킬이 리웨이(Leeway, **물에 대한 횡 방향 움직임**)에 대항하기 때문이다. 또한 킬은 무겁기 때문에 보트의 경사(기울어짐)에 대해 대항한다.

세일이 공기 중에서 작동하듯, 킬(과 러더)은 물속에서 작동한다. 보트의 리웨이 때문에 물이 킬을 흐를 때는 어떤 각도를 이루게 된다. 이로 인해 양력이 발생한다. 이 양력은 리웨이에 대항하고 리웨이를 줄인다. 리치나 런에서는 리웨이가 아주 조금 있거나 아니면 없기 때문에 킬의 양력은 사라진다.

---

2) 저자는 Heeling force라고 하였지만 Heeling force는 보트를 기울어지게 하는 회전력 개념이기 때문에 편역자는 통상적으로 많이 사용되는 Side force, "횡력"이라는 용어를 사용하였다(사실 "횡력"이라는 단어도 생소하다).

바람은, 작은 받음각에서는, *리딩 엣지(Leading edge)의 **받음각** (Angle of attack[3])과 나란한 선으로 세일에 들어간다. 너무 큰 받음각은 세일에서 공기의 박리를 유도하고 큰 소용돌이[4](Vortices)를 만든다.

박리점이 너무 앞으로 쏠리면 세일에서 생기는 양력을 모두 잃게 된다. - 스톨(Stall) 또는 실속이라고 한다. 보트는 급격히 속력을 잃게 된다. **그리고 공기의 난류 끈으로 인해 추진력을 떨어뜨리고 횡력은 커진다**[5].

보트가 바람에 대해 너무 높게 포인팅을 하게 되면 받음각이 작아지고 세일에 "백 윈드(Back wind)"가 들어오게 되어 러프 부분이 펄럭거리게 된다. - 즉 러핑[6](Luffing)하게 된다.

세일 세팅의 좋은 방법으로는 세일이 러핑할 때까지 시트(Sheet)를 풀어 준 다음 러핑이 멈출 때까지 다시 당기는 것이다.

주의할 점은 세일의 형상이 변하지 않기 때문에 러핑하는 세일보다 스톨하는 세일을 알아보기가 더 힘들다는 것이다. 세일을 스톨시키는 것은 초보자에게 자주 나타나는 실수이다(그림 27A를 보라).

일반적으로 "세일은 러핑 일보 직전에 다다랐을 때 가장 효율적이다."라고 말할 수 있다.

그림 6은 하나의 힘이 어떻게 두 개의 성분 힘으로 표현되는 지를 평행사변형을 써서 나타내었다. 두 개의 성분 힘은 다시 하나의 합력으로 조합할 수 있다. 이 원리는 바람의 속도[7]에서도 마찬가지로 적용된다(그림 7).

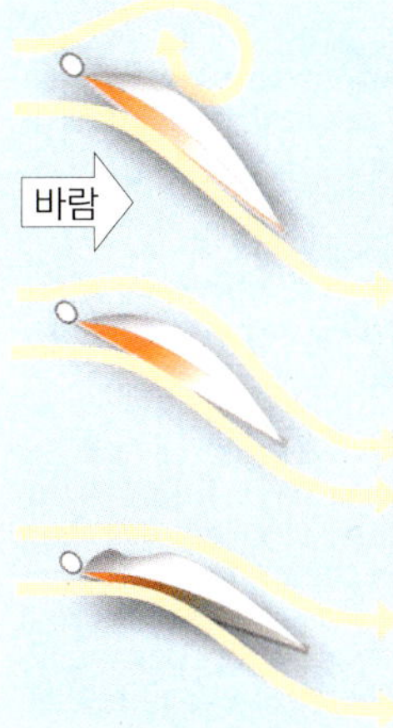

5

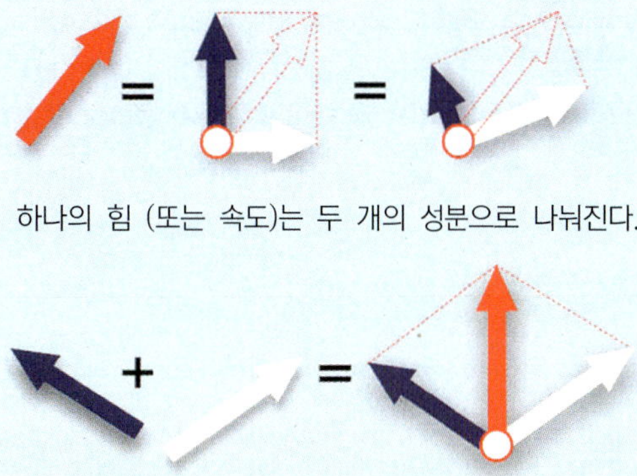

하나의 힘 (또는 속도)는 두 개의 성분으로 나눠진다.

성분 힘들을 하나의 합력으로 조합할 수 있다.

6

---

3) 저자는 원문에서 "Angle of incident" 라는 용어를 사용하였다.
4) 공기나 물의 소용돌이로 와류라고도 한다. 비행기 날개 면, 보트의 러더, 킬 끝에서 볼 수 있다.
5) 클로스 홀드일 경우, 세일에서 양력이 없어지면 추진력과 횡력이 동시에 줄어든다.
6) 커뮤니티에서는 핀칭(Pinching)이라는 말도 널리 사용한다.
7) 속도(Velocity)와 속력(Speed)은 다른 개념이다. 속도는 벡터(크기와 방향), 속력은 스칼라(크기)를 뜻한다.
* 바람을 처음으로 맞게되는 날개의 맨 앞쪽, 세일에서는 러프가 된다.

평행사변형 법칙을 벗어나지 않는 한, 당신은 그림 6과 같이 어느 방향으로든 힘 또는 속도를 분리할 수 있다(왜 그런지 이해 할 필요는 없겠다). 하나의 힘을 두 개의 힘으로 나타내면 매우 유용할 수 있다. 이 힘이 특정 방향으로 어떻게 작용하는 지를 볼 수 있는 것이다(예를 들면 그림 4와 같이 추진력과 횡력으로 나눈 것).

거울과 같이 조용한 날 10노트(약 5 m/s)로 직진하고 있다면 당신은 10노트의 바람을 느낄 것이다. 이 **어패런트 윈드***는 보트의 움직임에 대해서 바람의 크기 또는 강도는 같지만 방향이 반대이다. 우리가 이야기 하는 트루 윈드는 진짜 바람으로 이 예에서는 0 노트다.

어패런트 윈드(상대적 바람)는 트루 윈드와 보트 속도의 조합, 즉 벡터 합이다. 다음과 같은 방식으로 어패런트 윈드를 찾을 수 있다: 트루 윈드와 보트 속도의 방향과 속력을 그린다(그림 7에서는 1 cm = 1 m/s의 스케일을 사용하였다). 그리고 그림에서와 같이 평행선을 그린다. 그러면 어패런트 윈드는 평행사변형의 **대각선**이 된다.

보트 속도 때문에 어패런트 윈드는 트루 윈드보다 더 앞에서 오게 된다는 점에 유의하라.

예외는 맞바람을 향하는 경우(엔진으로 풍상을 향해[8] 똑바로 달리는 경우)와 바람으로부터 멀어지는 경우(런을 달리는 경우)다. 풍상을 비팅하는 경우와 런닝하는 경우를 비교했을 때, 어패런트 윈드의 세기에 큰 차이가 있음을 눈여겨보아야 한다(그림 8). 이러한 이유 때문에 런을 달리는 보트에서는 옷을 가볍게 입고 있어도 편안하지만, 같은 시간, 같은 장소에서 풍상을 범주하는 보트에서는 제법 추운 것을 느끼는 것이다.

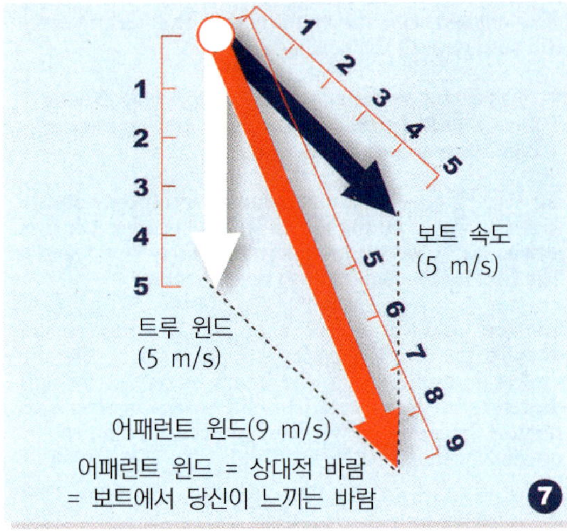

7

8) Upwind, 풍상 바람이 불어오는 쪽 또는 불어오는 곳
downwind, 풍하 바람이 불어가는 쪽 또는 불어가는 곳
windward, 풍상 쪽 leeward, 풍하 쪽

* Apparent Wind, 뵌 바람으로 번역이 되곤 한다.

참바람, 트루 윈드(true wind) - 보트 속도에 의한 바람 - 어패런트 윈드, 뵌바람

주의: 보트 속도로 인한 바람의 방향은 보트 속도 방향의 반대이다.

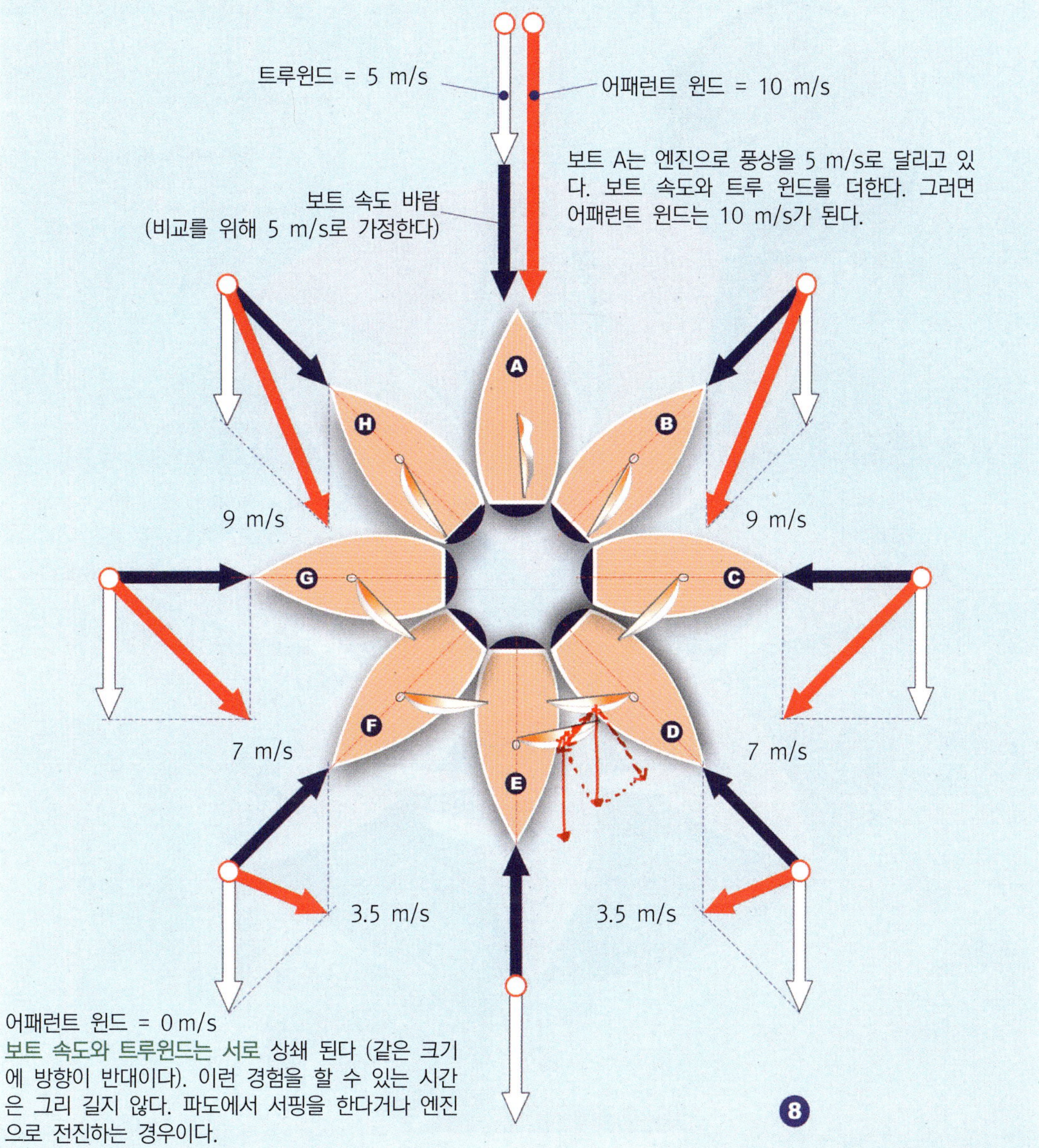

주의 : 예 F,G,H는 예 B,C,D의 상호보완적 대칭이다. 또한 어패런트 윈드의 큰 다름이 있음에 주의하라. 이 바람들은 보트에서 당신의 얼굴을 통해 느끼는 것들이다. 보트가 같은 속력으로 같은 트루 윈드에 있는데도 이 바람은 0에서 10 m/s로 달라진다.

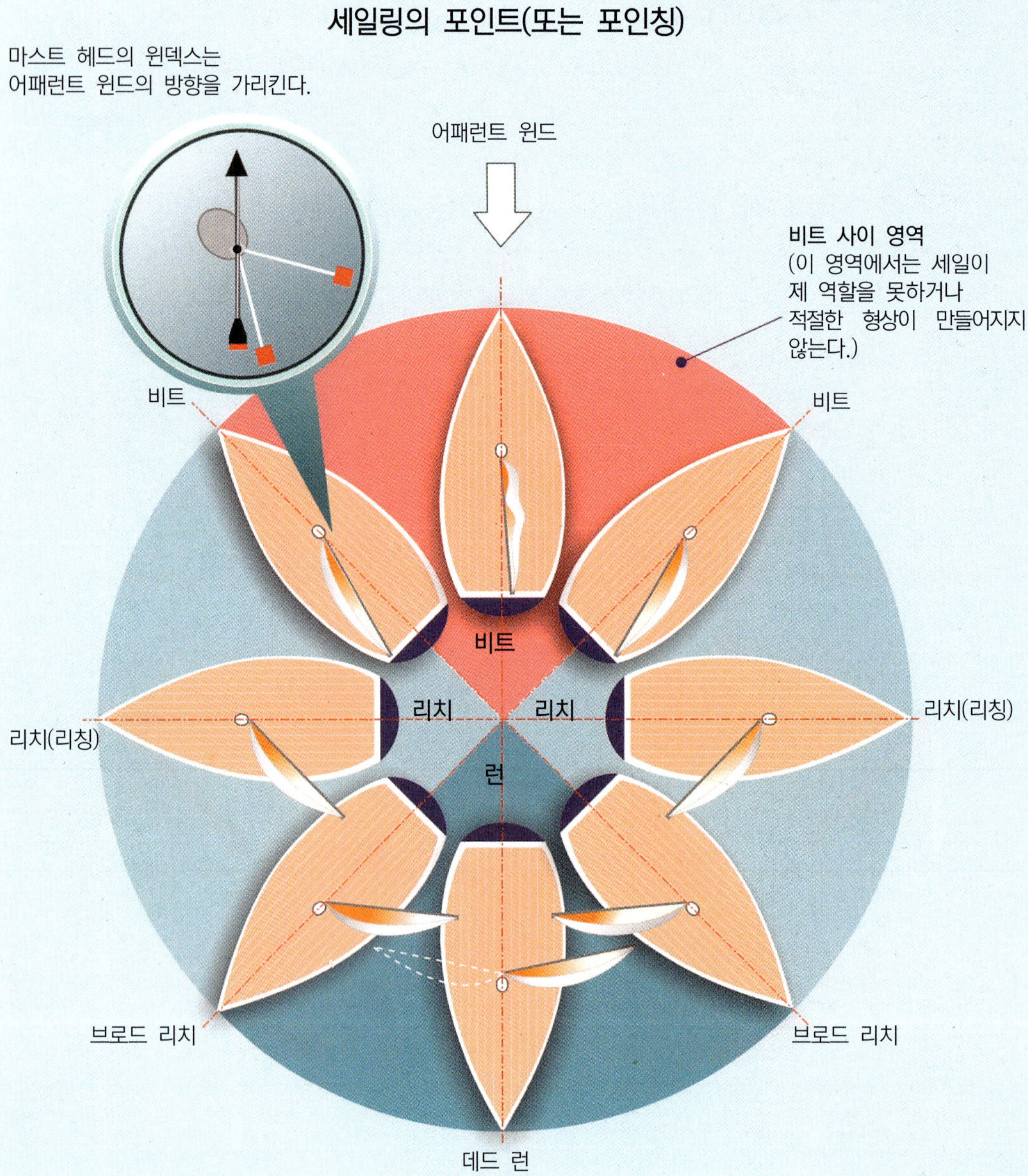

9

	어패런트 윈드	트루 윈드
비트	20-40°	35-55°
리치	40-135°	55-150°
런	135-180°	150-180°

바람으로부터 멀어지는 쪽으로 도는 것을 **베어 어웨이** 또는 **낮게 포인팅**(Point lower) 한다고 한다. 또는 바람쪽으로 돌아 들어갈 때는 **러핑**(Luffing) 한다고 한다.

주의!

베어 어웨이 함으로써 비트는 클로스 리치, 리치, 브로드 리치, 런 그리고 마지막으로 데드 런으로 변한다. 바람이 선미로부터 들어오도록 보트를 베어 어웨이 하게 되면 당신은 데드 런에 있게 된다. 메인은 최대한 멀리 둬야 한다. 같은 방향으로 보트를 계속 돌리게 되면, 바람은 메인의 풍하 쪽으로 들어오게 되고 마침내 보트를 다른 방향으로 바꾸게 된다. - 즉, 당신은 자이브 하게 된다. 강풍에서는 다루기가 힘들 것이다.

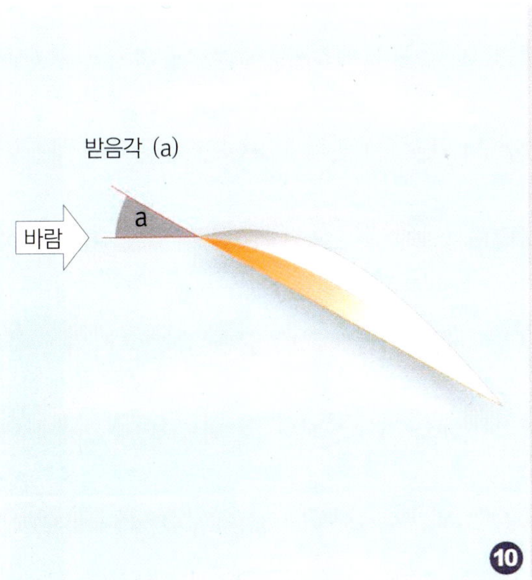

올바른 받음각으로 끊임없이 세일을 트림해야 한다. 코스를 바꾸거나 윈드 시프트(Wind shift)가 생기면, 그에 따라 세일을 조정해야 한다. 베어 어웨이 할 때, 시트를 풀어서 보트의 중심선에 대한 세일의 상대적인 각도를 늘인다.

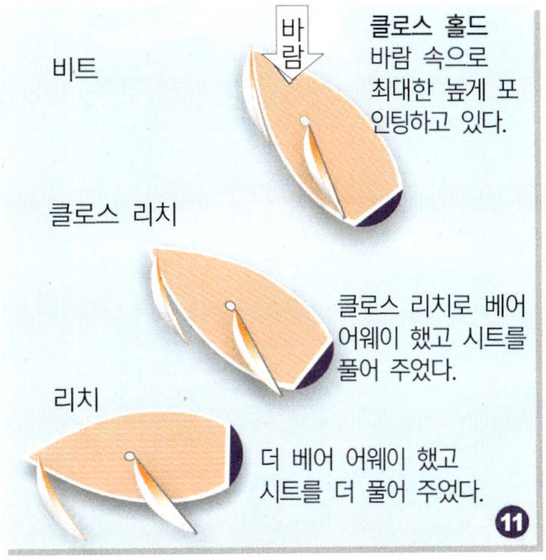

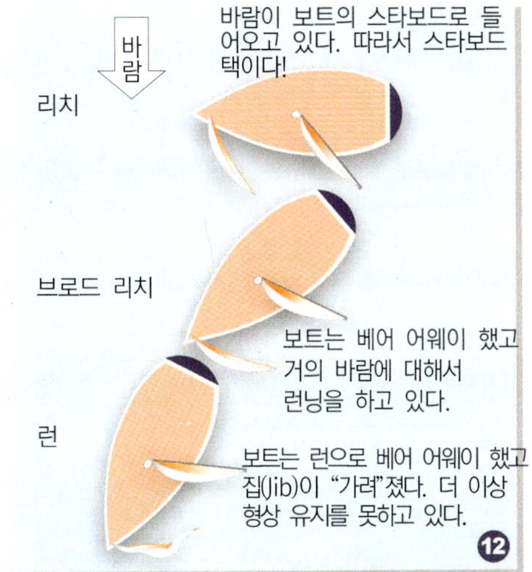

브로드 리치를 지나 베어 어웨이 함으로써 런닝에 도달하게 된다. 집(Jib)의 형상 유지를 할 수 없을 때까지 시트를 풀어 준다. 그 후 집을 내리거나 또는 위스커 폴/스피네커 폴을 이용해 풍상 쪽으로 집을 세팅한다.

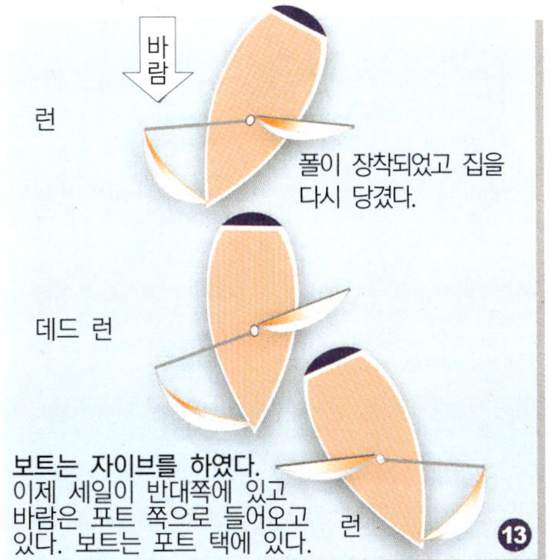

세일 형상

올바른 세일 형상을 설명하기는 어렵지만 조절해야 하는 가장 중요한 세 가지는:

- 세일 드래프트(Sail draft) : 세일의 풍만함
- 드래프트 위치
- 트위스트(Twist) : 뱅과 리치 텐션으로 제어함

세일 코드 깊이(Sail chord depth) 또는 **드래프트**는 세일의 풍만함을 나타낸다. 러프(Luff)부터 리치(Leech) 까지 연결하는 가상의 선을 코드라고 한다. 코드 깊이는 최대 드래프트(d)와 코드 길이(c)와의 퍼센트 비로 나타낸다. **드래프트 스트라이프**(Draft stripe)[9] 또는 세일에 있는 이음매(Seam)를 이용하여 그 깊이를 추측한다. 계측하기가 꽤 어렵기 때문에 요트맨들은 눈과 경험으로 드래프트를 추측한다.

드래프트 위치: 러프로부터 최대 드래프트가 있는 곳까지의 거리(l)를 말한다. 드래프트가 앞 쪽에 있으면 낮은 양력/항력 비를 주기 때문에 드래프트가 뒤에 있을 때보다 높이 포인팅을 할 수 없다. 반면 조종하기에는 쉬워서(보다 너그러운 형상) 보다 넓은 **그루브**(Groove)를 준다.

그루브는 세일트림, 보트 속도, 포인팅 능력의 조합에 의해 결정되는 좁은 코스 범위를 말한다. 일단 "그루브 안에 있으면" 당신의 보트는 살아서 최대 효율로 전진하게 된다.

따라서 앞쪽 드래프트는 거친 조건 그리고/또는 덜 숙련된 헬름즈맨에게 적당하다. 뒤쪽 드래프트에서는 앞쪽 드래프트보다 높은 양력/항력 비가 나오기 때문에 보다 높은 포인팅을 할 수 있다. 보트를 올바르게 조종하지 않으면 쉽게 스톨 또는 실속을 일으킬 것이다. 따라서 뒤쪽 드래프트 세일 형상은 쉬운 조건에서 최상이다 - 중풍에 잔잔한 수면.

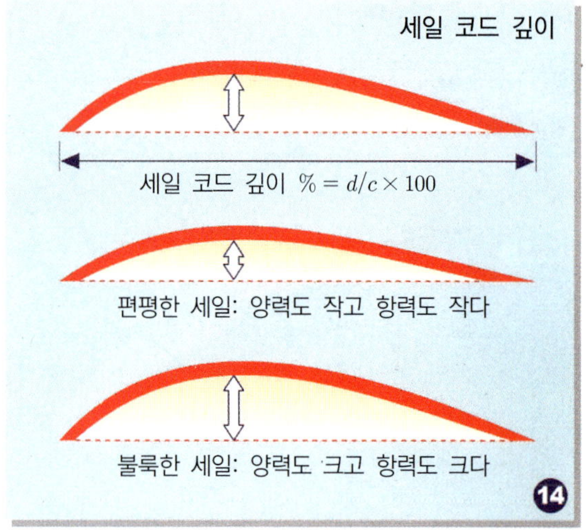

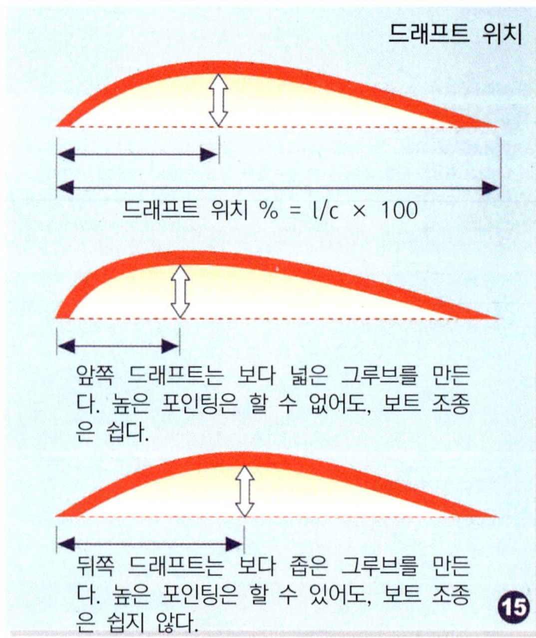

9) 드래프트를 확인하기 위해 세일에 붙여놓은 가는 띠 선, 보통 세일 천의 색깔과 대조되는 색으로 한다.

- 거친 조건에서는 앞쪽 드래프트
- 중풍에 잔잔한 수면에서는 뒤쪽 드래프트

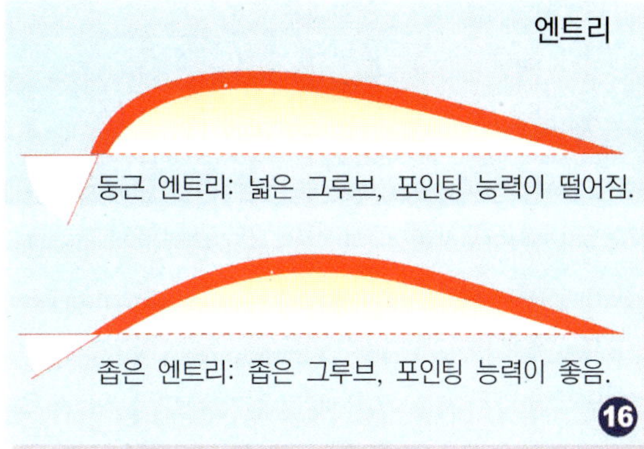

특히 제노아(집) 같은 세일의 **엔트리**[10](Entry) 형상이 매우 중요한데 여기에는 공기흐름에 영향을 주는 마스트가 세일 앞쪽에 없다. 둥근 **엔트리**에서는 포인팅 능력이 떨어지지만 받음각의 변화에 영향을 덜 받기 때문에 보트의 조종이 보다 쉽다. 좁은 **엔트리**에서는 보다 높은 포인팅을 할 수 있지만 받음각의 변화에 관대하지 못하기 때문에 보다 수준 높은 보트 조종을 요구한다.

포스테이와 핼야드 텐션도 역시 세일 **엔트리**의 풍만함에 영향을 끼친다. 24~25페이지를 참고하라.

- 둥근 **엔트리** - 넓은 그루브, 포인팅 낮음, 보트 조종이 쉬움.
- 좁은 **엔트리** - 좁은 그루브, 포인팅 높음, 보트 조종이 어려움.

넓은 그루브에서는 그루브 찾기는 쉽지만 잔잔한 수면에서의 포인팅 능력은 떨어질 것이다.

10) 세일 또는 날개가 공기흐름과 처음 만나는 곳을 말한다. 세일에서는 러프 부분이 될 것이다. 입사부 또는 도입부라는 용어도 있지만 여기서는 원문을 그대로 번역한다.

트위스트(Twist)

트루 윈드의 속도는 높이 올라갈수록 커지기 때문에 덱 위쪽으로 올라갈수록 바람은 점점 강해진다(그림 17). 보트 속도에 의한 바람은 높이에 상관없이 일정하기 때문에 벡터 합에 의한 어패런트 윈드는 높이 올라갈수록 뒤로 이동하고 점점 강해진다.

따라서 세일의 풋부터 헤드까지 일정하게 변하는 바람의 받음각에 맞추어 세일을 트림해야 한다. 세일의 위쪽을 좀 더 풍하 쪽으로 풀어주어야 한다. - 즉 세일을 **트위스트** 해야 한다.

메인세일의 트위스트는 기본적으로 키킹 스트랩(Kicking strap, Kicker, Vang), **메인시트**(Mainsheet) 그리고 트랙에 있는 **트래블러**(Traveller)로 조정한다(그림 21).

제노아(집)의 트위스트는 세일의 **시팅 포인트**(Sheeting point)를 움직여 조정 한다(그림 24). 또한 **시트 텐션**(Sheet tension)도 영향을 끼친다(주의: 세일을 트위스트 시켜야 하는 또 다른 민감한 이유가 있지만 이 책에서는 다루지 않는다.).

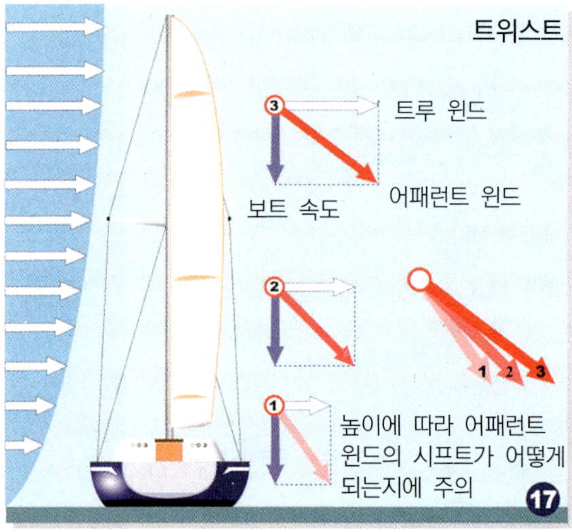

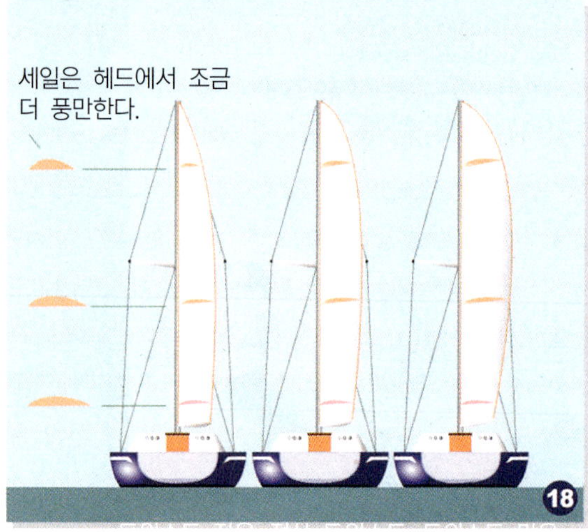

수직방향 세일 형상

세일의 효율을 좀 더 높이기 위해서는 위쪽 부분을 좀 더 풍만하게 해야 한다. 이것은 판단하기가 힘들고 경기 요트맨들에게 더 관심사이다. 대부분의 크루징 요트맨과 많은 경기 요트맨들은 세일메이커가 만들어 놓은 곡률 이상으로 세일의 수직방향 형상에 대한 미세한 튜닝을 시도하지 않는다. 그러나 강풍에서는 세일의 윗부분을 편평하게 하여 과도한 경사력(Heeling force)를 피해야 한다. 대부분의 요트맨들이 공통적으로 겪는 문제이며 보통 더 많은 트위스트를 준다.

세일

세일의 제작에 관한 것은 자세하게 살펴보지 않겠지만 세일의 형상과 깊이를 나타내는 것에 대해서만 알아본다. 세일메이커는 세일의 러프에 곡선 형상을 주며 이는 변이 곡선 형상인 판넬들을 붙이거나 박음질을 하여 만든다. 직선의 마스트나 포스테이(Forestay)에 세일을 장착하면 어떤 형태의 풍만함이 세일에 강제로 발생한다. 나머지 형상은 당신의 조정에 달려있다! 세일의 세 변은 각각 **러프**(Luff), **리치**(Leech), **풋**(Foot)이라고 한다. 제노아의 러프는 보통 포스테이에 붙게 되고 메인세일은 마스트에 붙게 된다. 메인의 풋은 붐에 붙게 된다. 제노아(집)와 메인은 항상 세 모서리를 보트에 붙이게 된다:

- 택 : 덱 또는 붐
- 헤드 : 핼야드가 붙어 있는 곳
- 클루 : 시트/붐 아웃홀이 붙어 있는 곳

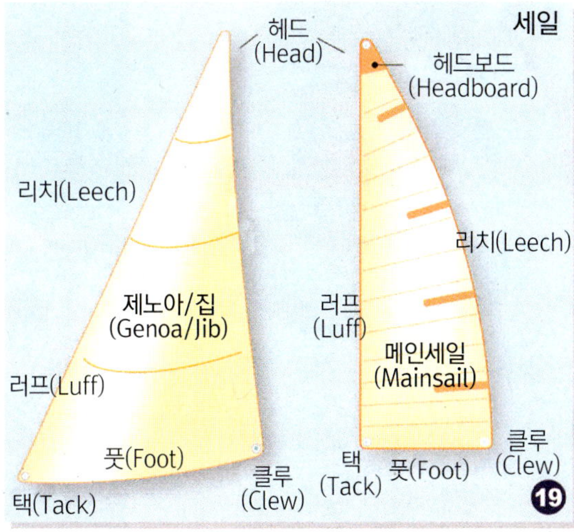

헤드세일 = 포세일로 제노아나 집을 말한다. 메인세일은 그냥 메인이라고도 한다.

트림 장비들

세일의 형상을 제어하는 가장 공통적인 장비들은 아래와 같다. 다음 페이지에서 보다 자세하게 다룬다.

메인세일

1. 메인세일 시트(메인시트)
2. 트래블러
3. 키킹 스트랩(뱅)
4. 아웃홀
5. 백스테이
6. 메인세일 핼야드(메인 핼야드)

제노아/집

7. 제노아/집 핼야드
8. 제노아/집 시트
9. 트래블러(시트 리드, 제노아 카)
10. 포스테이(헤드 스테이)

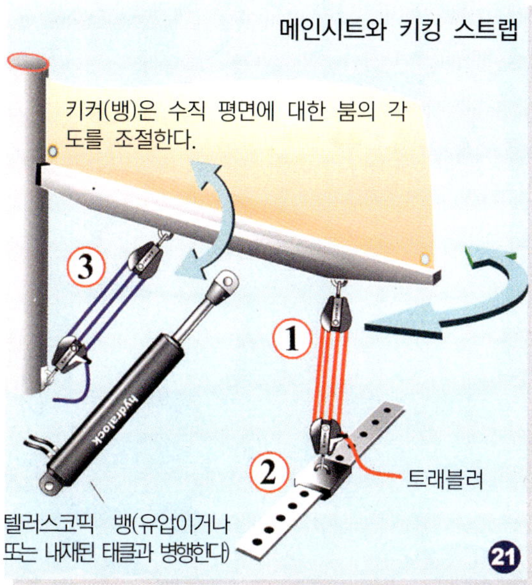

메인시트는 (1) 트래블러와 상호작용을 한다. (2) 중심선에 대해 붐의 각도 및 메인세일의 트위스트를 조절한다. 브로드 리치/런에서는 키킹 스트랩(뱅)을 이용하여 트위스트를 조절해야 한다. (3) 붐의 수직방향 각도를 조절한다.

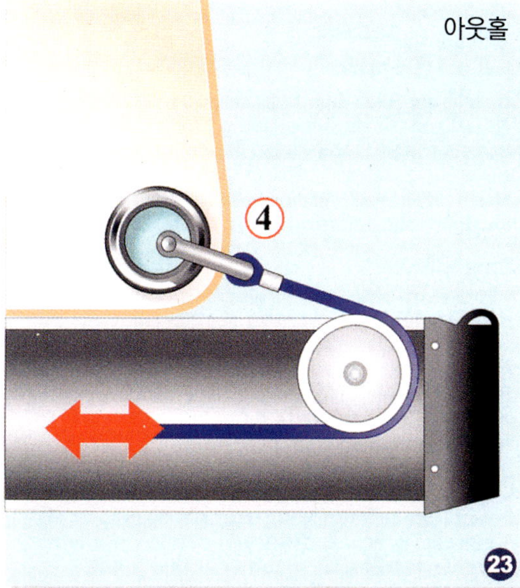

아웃홀은 (4) 메인세일 아랫부분의 코드 깊이를 조절한다. 아웃홀에 텐션이 가해질수록 더 편평해 진다. 백스테이는 (5) 가장 두드러지게 마스트의 위쪽을 굽히고(Bend) 위쪽 그리고 가운데 세일 판넬의 늘어뜨려 편평하게 만든다.

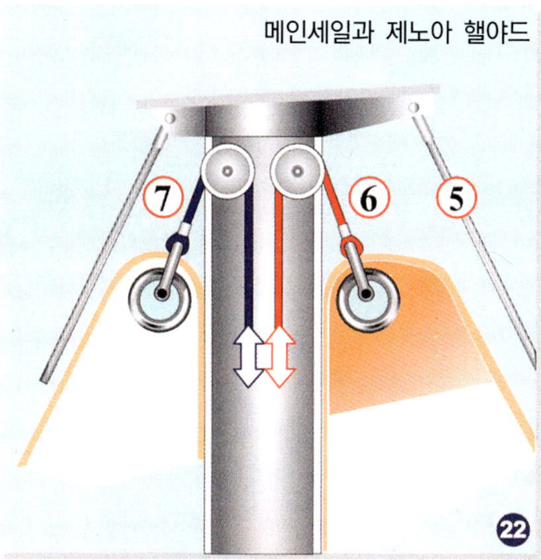

메인 핼야드 (6)와 제노아 핼야드 (7)는 세일을 올리고 매달고 내릴 때 사용한다. 핼야드 텐션은 또한 세일의 최대 드래프트 위치에 영향을 끼친다(그림 15). 핼야드를 더 타이트하게 할수록 드래프트는 앞쪽으로 이동한다.

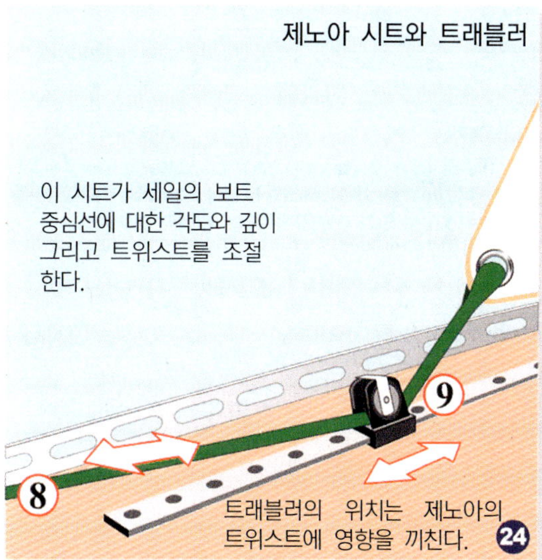

제노아 시트 (8)는 보트의 중심선에 대해 세일의 각도를 조절한다(또한 세일의 트위스트에 영향을 준다). 제노아의 트위스트는 제노아 트래블러 (9)의 앞, 뒤 조절에 가장 큰 영향을 받는다. 포스테이 (10)의 텐션은 제노아의 형상에 매우 큰 영향을 끼치며 종종 백스테이(5)를 조절하여 바꾼다.

기타

세일은 어떻게 만들어 지는가

세일의 기본적인 형상은 세일메이커에 의한다. 러프와 여러 판넬들의 형상은 일련의 계산 후에 얻어진다. 이런 세일들이 직선의 마스트, 스테이에 장착되면 어떤 깊이와 곡선을 이루는데 여기에 바람의 변화와 수면의 상태에 따라 세일러가 조절을 해야 한다.

텔테일 이용하기

텔테일은 가는 실 가닥으로 세일에 붙여서 알고 싶은 곳의 공기흐름을 알 수 있다. 기성 제품은 세일에 테이프로 붙이기만 하면 되지만 실을 세일천에 직접 바느질하여 당신의 텔테일을 만들 수 있다(세일 파손까지는 일어나지 않는다). 양쪽 모두 세일 천 가까운 곳에 매듭을 하나씩 지어야 하는 걸 기억하라.

세일을 따라 깨진 공기 흐름이 있지 않는 이상, 텔테일은 뒤쪽으로 평행하게 흐르게 된다. 잘못된 트림에 의해 공기 흐름이 깨지는 순간 텔테일은 펄럭거리기 시작한다.

텔테일이 펄럭거릴 때의 상황을 고칠 수 있는 옵션은 여러개가 있다.

만약 **풍상측**의 텔테일이 펄럭거리면 당신은 너무 높게 올라가고 있기 때문에 베어 어웨이 해야 한다. 하지만 시트를 더 당길 수도 있지 않겠는가? 이는 코스를 바꾸지 않고도 같은 효과를 얻는 것이다.

풍하측의 텔테일이 펄럭거리면 세일은 **스톨(실속)** 상태이다! 코스를 유지하고 싶다면 시트를 풀어 주든지 아니면 시트를 건드리지 말고 바람 속으로 더 높이 올라가야 한다.

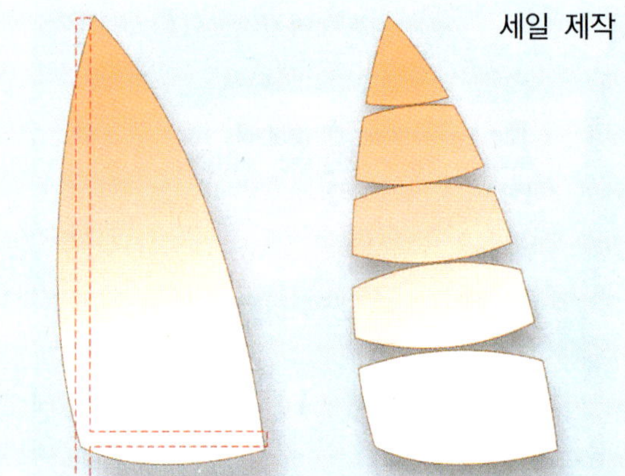

미리 만들어진 러프와 풋의 곡선은 세일을 장착했을 때 드래프트를 만든다.

곡선으로 만들어진 판넬들을 연결하여 세일에 드래프트를 준다.

25

제노아: 여러 높이에 러프로부터 10-12센티 정도 떨어뜨려 텔테일을 붙인다.
메인: 25-30센티 길이의 리본을 배턴 뒤에 붙인다. 일상적인 텔테일들이 세일의 가운데 부분에 있다.

26

사용할 수 있는 세일 세팅의 다양한 조합을 최대로 사용하고 싶다면 스키퍼는 크루들과 좋은 의사소통을 할 줄 알아야 한다.

텔테일은 "트림 도구" 중에서 가장 좋은(그리고 가장 싼) 것이다. 마스트 헤드의 **윈덱스**™(Wind vane)[11]와 병행하여 어떻게 세일을 트림해야 하는지에 대한 좋은 정보를 줄 것이다.

추가로 세일의 검은색 **드래프트 스트라이프**(Draft stripe)를 이용하면 세일 형상의 판단이 쉬울 것이다. 스트라이프가 없으며 세일메이커에게 문의하면 된다. 적절한 스트라이프가 있기 전까지는 세일의 봉재선을 대용으로 사용할 수 있다.

풍하측의 텔테일이 펄럭거리기 시작하면(A), 세일은 스톨(실속)에 걸린다(박리[12]된 흐름). 양 쪽 텔테일 모두 뒤쪽으로 평행하게 흐를 때까지 시트를 풀어주거나 포인팅을 높게 잡아 올라가야 한다(B). 즉, 이것은 흐름이 세일에 붙어 있음을 뜻 한다. 풍상의 텔테일이 펄럭거리면(C), 베어 어웨이 하거나 시트를 당겨야 한다.

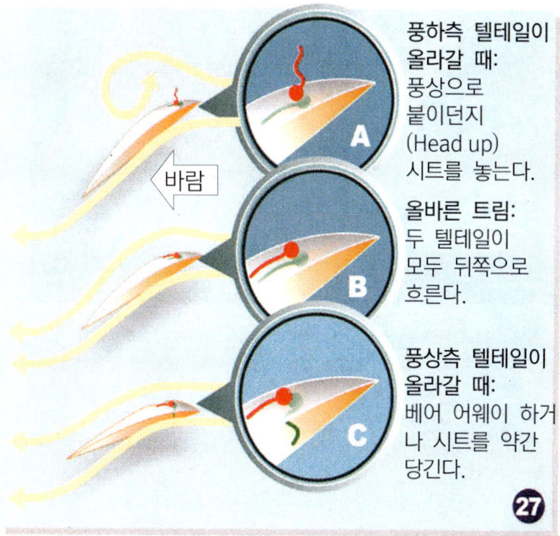

주의

텔테일 들이 펄럭거리지 않는 이상, 강풍에서는 텔테일이 조금 위로 올라갈 수도 있다. 그림 68을 보라.

---

11) 정확한 명칭은 풍향계(Wind vane) 또는 풍향 지시자(Wind indicator)이고 윈덱스(Windex)는 상표 이름이다.
12) Separation, 박리, 세일이나 날개를 흐르는 공기가 표면을 따라 흐르지 못하고 어떤 지점에서 떨어져 나가는 현상, 박리점 이후에는 흐름이 없기 때문에 양력이 발생하지 않는다.

제노아 트림

제노아(집)는 보통 보트의 "엔진"에 해당하는 것으로 생각된다. 메인세일은 일종의 트림 탭으로 보트의 포인팅 능력과 헬름 균형을 제어 하는 것으로 본다. 그렇다고 각 세일의 기능이 서로 겹치기 때문에 너무 문자 그대로 받아들일 필요는 없다. 그러면 **왜 제노아가 그렇게 중요한가?**

- 제노아 앞에는 공기흐름을 방해하고 소용돌이나 항력을 만드는 마스트가 없다.
- 제노아는 생각보다 바람에 대해 더 넓은 각도에서 세팅되는데 "**업 워시(Upwash)**" 때문이다.

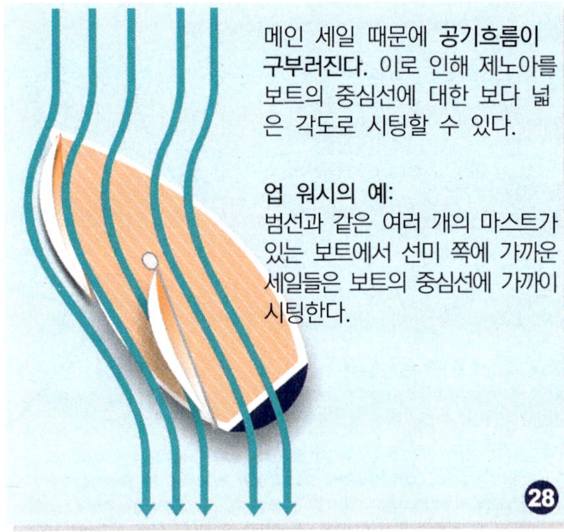

메인 세일 때문에 **공기흐름이 구부러진다.** 이로 인해 제노아를 보트의 중심선에 대한 보다 넓은 각도로 시팅할 수 있다.

업 워시의 예:
범선과 같은 여러 개의 마스트가 있는 보트에서 선미 쪽에 가까운 세일들은 보트의 중심선에 가까이 시팅한다.

28

"업 워시"는 공기흐름의 방향이 바뀌는 것을 말하는데, 세일(또는 물체) 앞에서 공기흐름이 세일(물체)에 도달하기 전에 생긴다. 제노아는 메인의 업워시 영역에 있어서 보다 넓은 바람 각도(여기서 양력이 얻어진다)의 이득이 있으며 보트의 중심선으로부터 더 바깥쪽으로 시팅 할 수 있다. 거꾸로 이야기하면 메인은 제노아의 "다운 워시(Downwash)*" 에서 기능을 하며 그렇기 때문에 메인 하나만 있을 때 보다는 더 강하게 시트를 당겨야 한다.

제노아는 추진력을 그리고 메인은 올바른 헬름 균형을 얻을 수 있도록 우선적으로 트림하라.

제노아는 크기가 작아지면서 1번, 2번, 3번 등으로 불린다. 3번 제노아는 사실상 표준 집이다. 제노아의 크기는 평방피트 또는 평방미터로 나타내거나 또는 러프 수직선, LP(Luff perpendicular)의 길이로 정의하기도 한다.

---

*) 원문에는 백 워시(Backwash)라고 되어 있다.

제노아의 크기는 “오버랩(겹치는)” 정도를 가지고 이야기하기도 한다. 즉, 세일이 마스트와 얼마나 많이 겹치느냐를 재는 것이다(그림 29). 1번 제노아는 통상적으로 150%, 2번 제노아는 130-140% 그리고 3번 제노아는 100%(즉, 대략적으로 오버랩 되지 않음)이다.

상대적으로 작은 헤드세일[13](포 세일)이라도 거의 끝까지 올라가고(스톰 집은 제외) 대신 풋이 짧다. 이는 길고 폭이 짧은 세일이 보다 효율적인 날개 형상(높은 종횡비[14]의 세일)을 하기 때문이다.

바람이 강해지면 선체 추진을 효율적으로 하기 위해 경사력을 줄여야 한다. 작은 제노아와 축범(Reef)한 메인을 사용하게 된다(그림 49, 50 참고). 아래 표는 언제 그러한 제노아를 사용해야 하는지 보여주는 예이다. 지료로 사용해도 좋지만 세일메이커의 조언을 얻는 것이 좋다. 세일메이커는 각 세일의 바람속도 범위를 알고 있을 것이다.

세일	오버랩	어패런트 윈드	
	%	m/s	노트 (Knots)
약풍 No.1	150	1-6	2-12
제노아 1	150	3-10	6-20
제노아 2	130	10-13	20-26
제노아 3	100	12-16	24-32

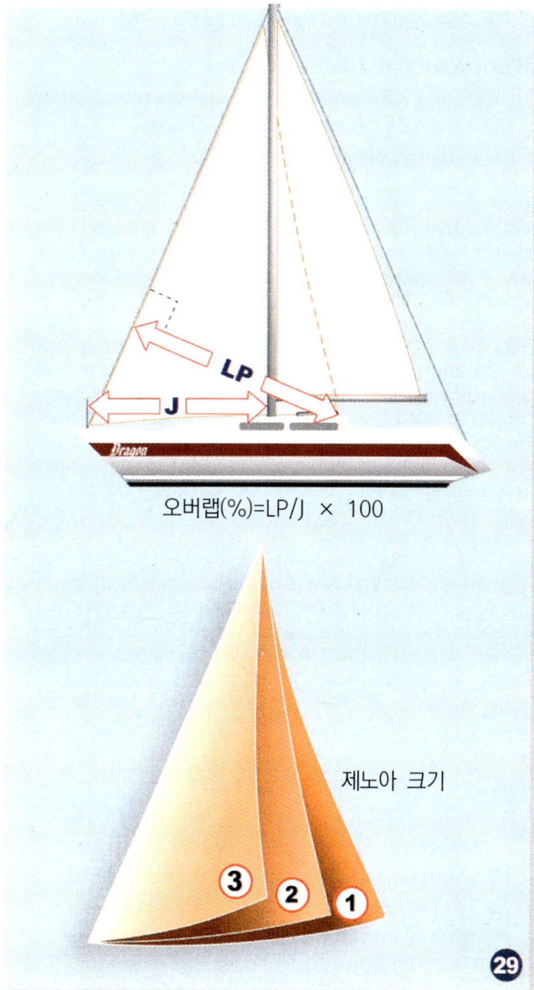

29

13) Headsail. Foresail이라고도 한다. 마스트 앞쪽에 세팅하는 풍상용 세일을 이야기 한다.
14) Aspect ratio. 날개 길이(span)와 폭(chord)의 비이다.

제노아의 형상은 다음과 같이 결정된다:

① 세일의 풍만한 정도
② 드래프트의 위치
③ 세일의 트위스트

기본적인 트림 변수:

④ 시트 텐션
⑤ 시트 트래블러 위치
⑥ 포스테이 텐션
⑦ 러프(핼야드) 텐션

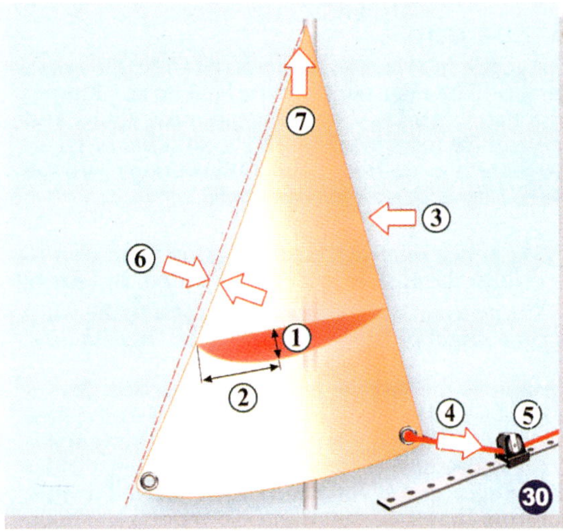

시트는 가장 많이 사용하는 트림 수단이다. 시트는 무엇보다 보트의 중심선에 대한 세일 각도를 조절에 사용한다. 그러나 세일의 깊이나 트위스트에도 영향을 끼친다.

주의

세일을 보트의 중심선에 좀 더 가깝게 시팅 할수록 보트의 포인팅 능력은 높아진다. 또한 각 트림 수단은 그 주 기능이 있긴 하지만 세일형상을 조절하는 다른 요소들에도 영향을 준다는 점을 기억하라.

시트를 당기면:

- 보트의 중심선에 대한 세일의 각도가 줄어든다.
- 보통 세일의 트위스트가 줄어든다.
- 세일의 깊이가 줄어든다.

시트를 얼마만큼 당길 것인가를 결정하기 위해 **스프레더**(Spreader)와 세일 사이의 길이를 계측 기준으로 할 수 있다. 어떤 사람은 **"주먹"**의 개수를, 또 어떤 사람은 스프레더에 **기준 스트라이프**를 붙여 사용한다.

제일 좋은 위치는 보트마다 다르지만 최적의 조건에서 - 중풍에 평온한 수면에서 - 포인팅을 높게 하기 위해 세일을 스프레더에 살짝 붙이는 정도의 경험을 많이 했을 것이다. 높이 포인팅 하는 것보다는 속도에 치중하고 싶다면, 스프레더에서 떨어지도록 시트를 놓으면 된다. 특히, 매우 약한 바람에서 도움이 될 것이다. **시행착오를 거쳐 당신 보트에 맞는 최적의 위치를 찾아라.**

지금까지의 이야기는 비팅에서 사실이다. 리치로 베어 어웨이 하면 세일이 중심선에 대한 올바른 각을 찾도록 시트를 풀어 주어라. 바람이 빔으로 들어 올 때 까지, 텔테일을 이용하여 세일을 세팅하라. 브로드 리칭나 런에서의 상황은 조금 더 복잡하다. 책의 뒤쪽에서 다룰 것이다.

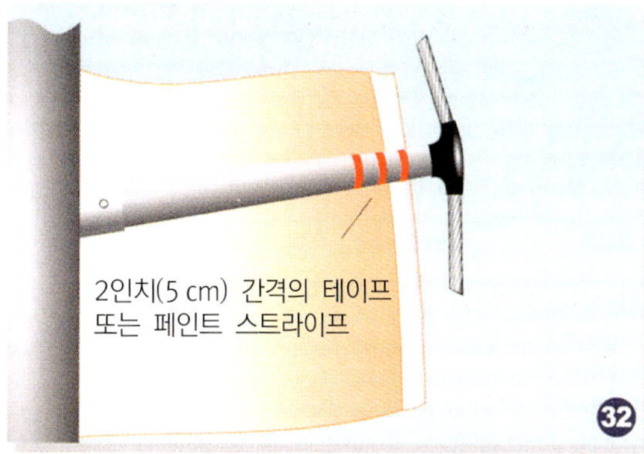

비팅에서 가능한 최선책은:

- 제노아와 스프레더 사이 간격은 주먹 하나가 정상이다.
- 높은 포인팅보다 속도가 우선이면 두세 주먹 정도
- 강풍에 파도가 있는 수면이면 두세 주먹 정도
- 최대 포인팅의 최적 조건은 스프레더 건드리기

올바른 트위스트 결정하기

첫 번째로 시트부터 제노아 러프까지의 가상선이 러프를 이등분 하도록 트랙위의 트래블러 위치를 결정한다. 그런 다음 아래에 있는 것처럼 텔테일을 이용하여 트래블러의 최적 위치를 찾는다.

세일은 높이에 따른 어패런트 윈드의 방향 **변화를 허용하도록** 트위스트되어야 한다. 올바른 트위스트를 찾았다면, 보트를 천천히 바람 속으로 넣었을 때 제노아의 러프가 풋부터 헤드까지 동시에 **러핑(또는 핀칭)**할 것이다. 동시에 모든 풍상 텔테일이 펄럭거릴 것이다.

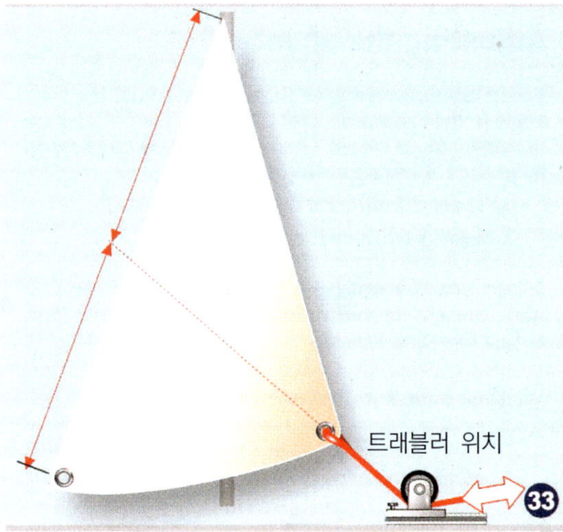

다음의 경우 제노아의 트위스트는 올바르다:

- 보트를 바람 속으로 넣었을 때 세일의 풋부터 헤드까지 동시에 러핑한다.
- 보트를 바람 속으로 넣었을 때 풍상의 모든 텔테일이 동시에 펄럭거린다.

헤드에서 먼저 러프하게 되면 제노아는 너무 많이 트위스트 된 것이다. 그래서 헤드의 풍상 텔테일이 먼저 펄럭거릴 것이다. 시트 트래블러를 앞으로 옮겨 시트의 **아래 방향 당김**(Downward pull)을 크게 하라. 이렇게 하면 리치 텐션이 커지고 트위스트가 줄어들 것이다. 그러면 **수평방향 당김**(Horizontal pull)이 줄어 세일 아랫부분의 깊이는 다소 커질 것이다.

다음의 경우 제노아의 트위스트가 너무 많다:

- 세일 윗부분에서 러핑이 먼저 생길 때.
- 세일 윗부분의 풍상 텔테일이 먼저 펄럭 거릴 때.

아랫부분이 먼저 러핑하면 제노아에 너무 적은 트위스트가 있는 것이다. 바람 속으로 보트를 넣으면 아래의 풍상 텔테일이 먼저 펄럭거릴 것이다. 이제는 트래블러를 뒤로 이동시킨다. 그러면 시트의 아랫방향 당김이 줄어 들 것이다. 클루가 올라가고 제노아의 위부분이 풍하 쪽으로 떨어질 것이다. 동시에 시트의 수평방향 당김이 늘어나 세일의 아랫부분이 편평해 질 것이다.

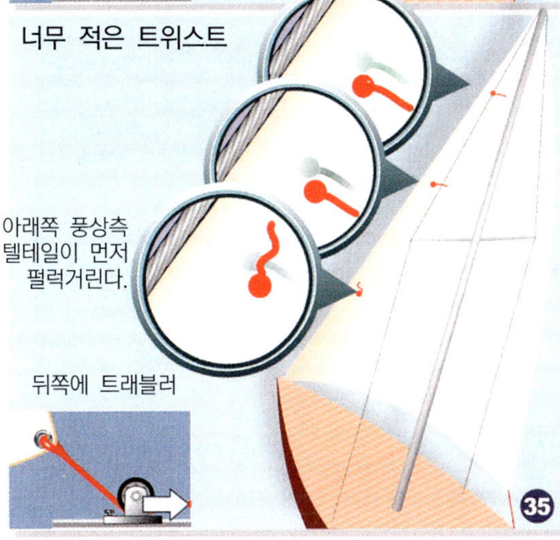

다음의 경우 제노아의 트위스트가 너무 적다:

- 세일의 아랫부분이 먼저 러핑할 때.
- 아랫부분의 풍상 텔테일이 먼저 펄럭거릴 때.

트래블러를 앞으로 이동시키면:

- 세일의 트위스트가 줄어든다.
- 아랫부분의 깊이가 늘어난다.

트래블러를 뒤로 이동시키면:

- 세일의 트위스트가 늘어난다.
- 아랫부분의 깊이가 줄어든다.

주의

거의 모든 경우에 세일의 트위스트를 적게 하는 것보다는 많이 하는 것이 낫다. 트위스트가 많으면 보트의 올바른 조종이 쉽다(넓은 그루브).

시트의 조정

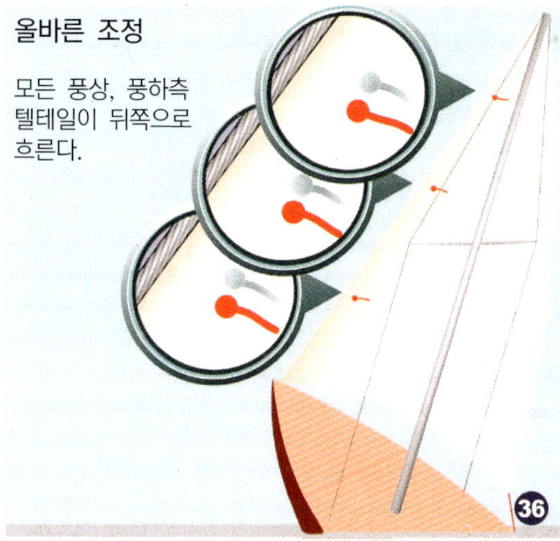

올바른 트위스트가 세팅되고 나면 시트를 이용해 보트의 중심선과 세일사이의 각도를 조정한다. 텔테일이 유용하게 쓰인다. 클로스 홀드 코스에서는 다음과 같은 최선책이 있다:

- 풍상측 텔테일이 펄럭 거린다 : 내려간다 (Bear away).
- 풍하측 텔테일이 펄럭 거린다 : 올라간다 (Head up).

클로스 홀드 코스가 아닌 경우 직선 코스를 유지하면서 세일을 조정하는 것이 나을 수 있나.

그러면 더 일반적인 최선책을 얻을 수 있다:

- 풍상측 펄럭임 : 내려가든지 시트를 당긴다.
- 풍하측 펄럭임 : 올라가든지 시트를 놓는다.

예를 들어, 바람의 세기나 방향에 변함이 없으면 A부터 B까지의 리치에서 세일을 조정하고 직선 코스를 유지할 수 있다.

주의

돌풍(Gust)에서 어패런트 윈드는 **트루 윈드 방향**에 쉬프트(Shift)가 없다면 항상 뒤쪽[15]으로 쉬프트 된다 (보트 속력은 일정하지만 트루 윈드 속력이 증가함으로). 이 상태는 보트의 속도가 증가하여 어패런트 윈드 스스로가 조정되어 새로운 조건이 되기 전까지 지속된다. 돌풍 동안 시트를 풀어주고 잠잠해지면 다시 당긴다. 또 다르게, 최대한 높이 올라가고 싶다면, 돌풍에서 올라가고 잠잠해지면 내려오는 방법이 있다.

---

15) 보트에서 멀어지는 방향으로, 선미 쪽으로 쉬프트가 된다는 의미이다.

돌풍에서 트루 윈드가 앞쪽으로 쉬트프 하면 어패런트 윈드가 **앞쪽으로 쉬프트** 될 수도 있음에 주의하라. 이것을 헤더[16](Header)라고 한다. 이럴 경우 조금 베어 어웨이 하거나 시트를 당겨야 할 것이다. **풍상 범주 하는 경우, 경기 요트맨은 헤더에서 항상 택을 하려고 한다.**

만약 트루 윈드 방향이 돌풍에서 뒤쪽으로 쉬프트 하면 우리는 이것을 리프트(Lift)라고 한다. 일정한 트루 윈드 방향에서는 어패런트 윈드가 더 뒤쪽으로 쉬프트 한다.

경기 중에, 제노아 트리머는 항상 어패런트 윈드의 변화에 따라 트림해야 한다. 보트의 코스를 바꾸는 데는 어느 정도 시간이 걸리기 때문에(러더를 너무 많이 돌리면 브레이크 역할을 하게 된다), 트리머는 상황이 바뀔 때 재빨리 시트를 조정하고 헬름즈맨이 코스를 바꾸는 것에 맞추어 점차적으로 세일을 트림한다.

크루징 요트맨은 보통 모든 돌풍에 대해 세일 조정하는 것에 대해 그리 구애받지 않는다. 이들은 보통 돌풍에서 바람속으로 들어가고(Head up) 잠잠해 지면 다시 베어 어웨이 한다. 속력을 약간 잃을 수 있지만 리웨이(Leeway)가 줄어들고 크루 일을 최소로 할 수 있다. 더 자세한 내용들을 무시하기로 결정했다 하더라도, 여러 상황에서 트림 도구가 어떤 식으로 사용되는지, 세일의 형상이 보트의 움직임에 어떤 영향을 주는지 알고 있는 것은 그만큼 가치가 있을 것이다.

올바르게 트림한 세일로 더 멀리 가거나 세일링 시간을 줄일 수 있는데, 이는 악천후를 피하거나 긴 기간 동안의 세일링에서 일어날 수 있는 문제를 피하는데 도움이 될 것이다.

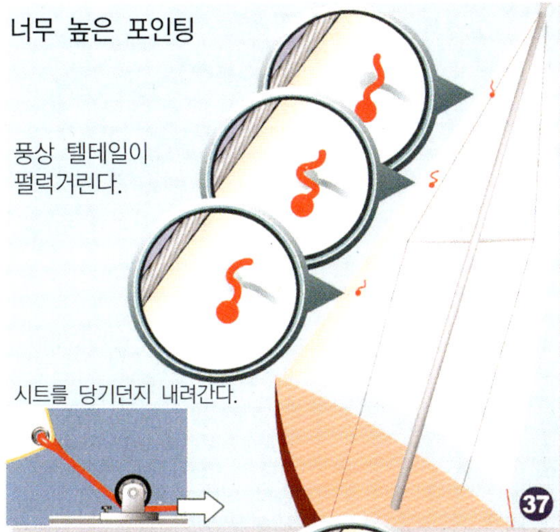

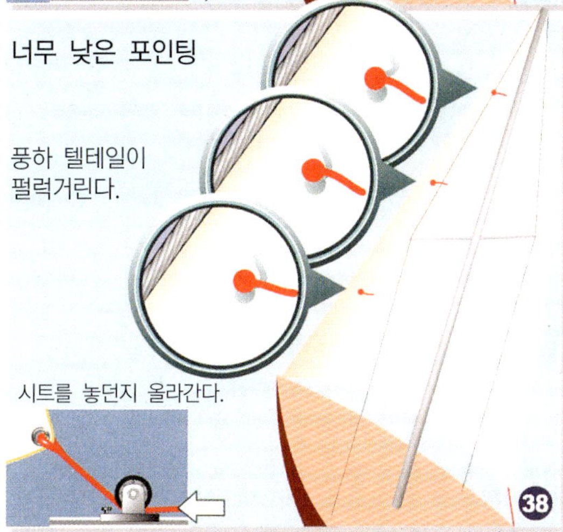

16) 바람의 쉬프트와 관련된 용어는 네 개가 있다. 보트의 택, 코스 그리고 바람 방향과는 상관없이 바람이 시계방향으로 쉬프트 하는 것을 **비어링(Veering)**, 시계 반대방향으로 쉬프트하는 것을 **백킹(Backing)**이라 한다. **헤더(Header)**와 **리프트(Lift)**는 보트와 관련된 용어이다. 즉, 보트에 대해서 선수 쪽으로 바람이 쉬프트하면 헤더, 선미 쪽으로 쉬프트하면 리프트라 부른다. 당신이 어느 택에 있느냐에 따라 헤더는 비어링 일수도 있고 백킹 일수도 있다. 리프트도 마찬가지다.

세일 깊이의 조정

포스테이의 텐션은 제노아의 가운데와 윗부분의 깊이를 조절한다. 포스테이는 바람 압력으로 인해 풍하 쪽 그리고 뒤쪽으로 밀리게 된다. - 처짐(Sag)이 생긴다. 느슨한 스테이는 처짐을 증가시키고 세일 깊이를 더한다.

코드 길이에 비해 처짐이 크면 1차적으로 세일의 상반(Upper half)이 세일 깊이가 커진다.

또한 처짐은 세일의 **엔트리**(Entry)를 둥글게 만들어 더 깊게 만든다. 이로 인해 그루브가 넓어지고 보트의 조종을 쉽게 만든다. 대신 좁은 엔트리가 아니라 높게 포인팅하지는 못할 것이다.

39

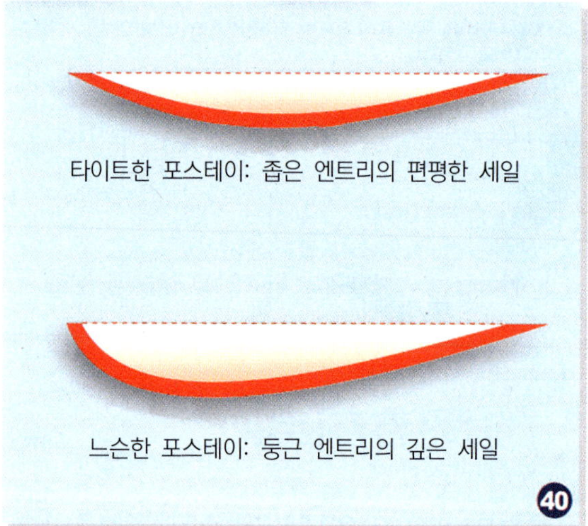

40

- 타이트한 포스테이 : 편평한 세일과 좁은 엔트리
- 느슨한 포스테이 : 더 깊으며 둥근 엔트리

더 깊은 세일이 필요한 약풍을 제외하고, 평온한 수면에서는 포스테이는 타이트하게 한다. 스테이 텐션은 최대값의 25% 정도가 되어야 한다.

수면이 거칠 때에는 세일에 둥근 엔트리를 만들기 위해 텐션을 푸는 것이 현명하다. 거친 수면에서 코스를 바꾸어도 세일에 스톨(실속)없이 조종하기가 쉬울 것이다.

포스테이 텐션을 줄이면 제노아 핼야드도 풀어서 드래프트가 너무 앞으로 이동하는 것을 피해야 한다.

최대 포스테이 텐션은 어떻게 조정하는가?

하나의 방법은 20노트(10 m/s)의 어패런트 윈드에서 1번 제노아로 클로스 홀드 코스를 달리며 처짐을 관찰하는 것이다.

느슨한 포스테이로 시작한다. 택에서부터 위쪽으로 포스테이를 살피면서 크루 한명이 조금씩 스테이에 텐션을 가한다. 텐션을 주는데도 더 이상 처짐이 줄어들지 않으면 최대 포스테이 텐션에 도달한 것이다.

모든 마스트헤드(Masthead)[17] 리그에서 그리고 상당수의 프랙셔널[18](Fractional) 리그에서 백스테이(Backstay)를 이용해서 포스테이에 텐션을 가할 것이다. 태클, 리깅 스크류 또는 유압 실린더에 세팅을 표시해 두라. 해상에서 백스테이를 조정하는 게 어려우면 최대값의 2/3으로 세팅하라(56~57과 104~107페이지 참고).

프랙셔널 리그의 포스테이 텐션은 **런닝 백스테이**(Running backstay)나 **캡 슈라우드 텐션**[19](Cap shroud tension)에 가장 영향을 많이 받는다(113~116페이지 참고).

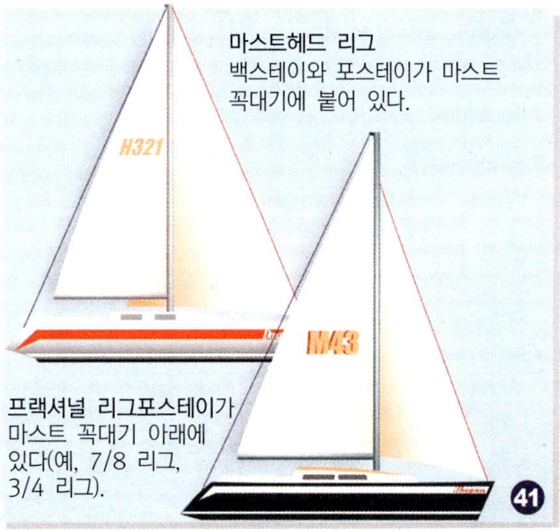

마스트헤드 리그
백스테이와 포스테이가 마스트 꼭대기에 붙어 있다.

프랙셔널 리그포스테이가 마스트 꼭대기 아래에 있다(예, 7/8 리그, 3/4 리그).

41

주의

보통 올바른 마스트 레이크(Rake)[20]를 얻기 위해 세팅되어 있기 때문에 포스테이 길이를 조정해서는 안 된다(104~105페이지 참고).

타이트한 포스테이(편평한 세일)가 바람직한 경우

- 평온한 수면, 중풍에서 강풍까지
- 파워/속력보다는 높게 포인팅을 하고 싶을 때

느슨한 포스테이(깊이가 있는 세일)가 바람직한 경우

- 거친 수면
- 약풍
- 높게 포인팅하는 것 보다는 파워/속력을 내고 싶을 때

---

17) 슈라우드(Shrouds), 스테이(Stays)들이 마스트 꼭대기(Masthead)에 연결된 리그
18) 슈라우드(Shrouds), 스테이(Stays)들이 마스트 꼭대기(Masthead)가 아닌 그 아래의 임의 지점에 연결된 리그
19) 어퍼 다이아고널 슈라우드(Upper diagonal shroud)라고도 한다. 최상단 대각선 슈라우드이다.
20) 연직 윗 방향 가상선에 대해 마스트가 선미 쪽으로 누운 정도

핼야드로 드래프트 위치 조정

제노아 드래프트 위치는 무엇보다 핼야드 텐션(이는 다소 러프 텐션과 같다)의 영향을 받는다. 핼야드에 텐션을 주면 드래프트는 앞쪽으로 이동하고, 풀어주면 뒤쪽으로 이동한다.

- 타이트한 핼야드: 드래프트 위치는 앞쪽으로
- 느슨한 핼야드: 드래프트 위치는 뒤쪽으로.

또한 핼야드 텐션은 포스테이 텐션처럼 제노아의 엔트리 형상에도 영향을 끼친다. 타이트한 핼야드는 둥근 엔트리를 만든다. 이는 곳 포인팅 능력이 떨어짐을 의미하지만 보트를 올바르게 조종하기에 쉬울 것이다.

둥근 엔트리는 코스 수정에 대해 제노아를 덜 민감하게 만들기에 여유가 있다. 바람 상황에 변동이 있거나 파도가 있는 수면 또는 헬름즈맨의 경험이 적을 때 유용하다.

느슨한 핼야드는 좁은 엔트리를 만든다. 최적의 수면과 바람 상황(중풍에 잔잔한 수면)에서 포인팅 능력을 최대한으로 하려 할 때 유용하다.

주의

마일라(Mylar)와 케블라(Kevlar) 세일은 다크론(Dacron)세일보다 덜 늘어난다. 드래프트 위치는 거의 대부분 포스테이의 처짐으로 조절할 수 있는 여지를 준다.

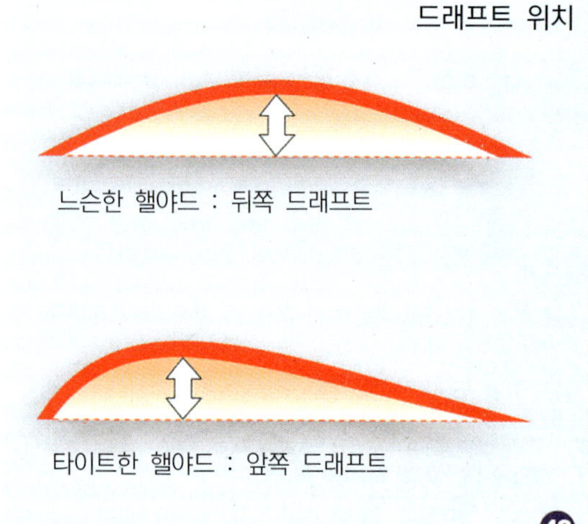

42

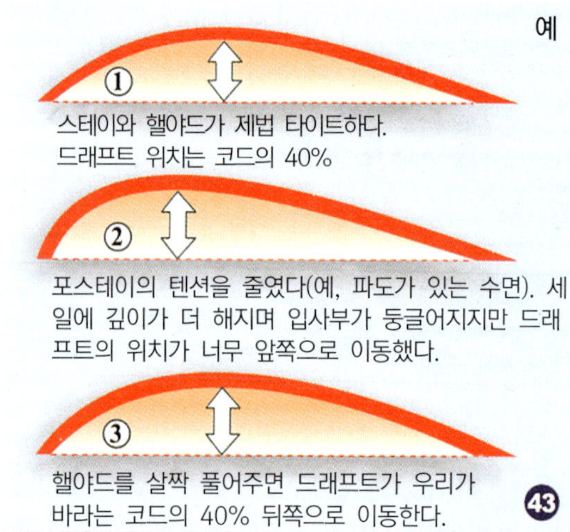

43

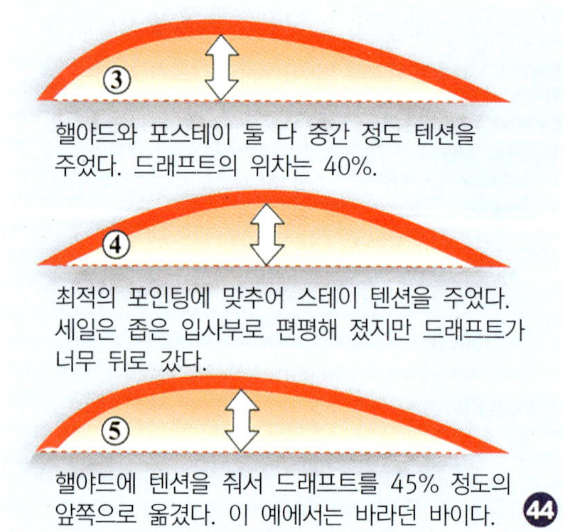

44

타이트한 핼야드(러프):

- 제노아에 둥근 엔트리가 생긴다.
- 넓은 그루브 - 포인팅은 낮지만 조종하기 쉽다.

느슨한 핼야드(러프):

- 제노아에 좁은 엔트리가 생긴다.
- 좁은 그루브 - 포인팅은 높지만 조종하기가 어려워진다.

포스테이와 핼야드 텐션의 상호작용은 이해하기 어려울 수 있다. 기억할 것은 최우선으로 포스테이 텐션이 세일 깊이와 엔트리 모양에 영향을 준다는 것이고 핼야드는 드래프트 위치를 조절한다는 것이다. 아래의 대략적인 상호작용의 예를 하나 들었다.

잔잔한 수면

바람	헤드세일 형상	포스테이	러프
약	풍만함, 상대적으로 좁은 엔트리	40-60%	느슨함*
중	편평함	최대	60-80%
강	편평함	최대	최대

* 수평방향의 주름을 없애기에 충분한 텐션

거친 수면

바람	헤드세일 형상	포스테이	러프
약	풍만함, 둥근 엔트리	25%	느슨함**
중	중간정도 풍만함	60%	60-80%
강	편평함	80%	최대

** 러프에서 수평방향 주름이 생기기 시작할 때까지 텐션을 느슨하게 함.

기타 팁

- 풍상과 풍하의 텔테일이 교대로 펄럭거려 올바르게 보트를 조종하기가 힘들다면 제노아가 너무 좁은 엔트리에 놓인 것이다. 포스테이를 조금 느슨하게 하여 조금 더 둥근 엔트리를 가지게 하거나 핼야드를 당겨 드래프트가 앞으로 가게 하라.
- 스프레더를 시팅 각도 세팅의 계측 기준으로 쓰는 것이 항상 가능한 것은 아니지만(그림 31) 보통 스탠딩 리깅의 어느 부분을 사용할 수 있다.
- 핼야드는 수평방향의 주름이 없어 질 때까지만 당겨라(그림 79와 80). 핼야드를 심하게 당기면 요즘의 마일라 세일의 경우 과하게 늘어난다는 점을 상기하라.
- 시트를 바짝 당겼을 때 핼야드에 텐션 주는 것을 피하라. 시트를 풀어주던지 시트에 힘이 안 걸릴 때 까지 기다려라(예, 택킹)
- 강풍에서는 런닝 백스테이가 없는 프랙셔널 리그 보트의 포스테이 처짐을 조절하기가 힘들 것이다(115~116페이지). 마스트 위쪽에 벤딩(bending)을 주지 않고서는 백스테이로 포스테이에 텐션을 줄 수 없다. 풍상 범주할 때는 메인 시트를 타이트하게 하면 포스테이를 타이트하게 하는데 도움이 될 것이다. 거스트에서는 자주 그러듯이 시트 대신 트래블러를 풀어 주라.
- 제노아에 올바른 트위스트가 생기도록 트림했다면 바람 속으로 보트를 넣었을 때 모든 세일의 러프에서 동시에 백 윈드가 생길 것이다. 모든 풍상 텔테일이 동시에 펄럭거릴 것이다(20~21페이지). 위쪽 텔테일이 먼저 펄럭거리면 보트의 속력이 커지는 것을 종종 볼 수 있는데, 이는 너무 많은 트위스트라는 것을 말해 주는 것이다.

주의

리그 트림 규칙이 절대적이진 않다. 이는 상황에 따라 이득을 얻으려면 트림을 달리해야 하기 때문이다. 즉, 수많은 변수가 있는 세일링이라는 이 복잡한 분야는 하나의 절대적인 규칙으로 정할 수는 없다. 예를 들어, 왼쪽의 팁에서 볼 수 있듯이, 보트의 속력은 때때로 "잘못된" 제노아 트위스트에서도 커질 수 있다.

리그 트림은 기껏해야 여러 세일과 리그가 제대로 작동할 수 있도록 조정한 후에 하는 절충이다. 이런 조절은 종종 외형상으로는 비슷하게 보이는 보트에 다른 방식으로 작동하며 나아가 서로 다른 보트에 정확하게 적용하기가 힘들다.

그러므로 기본 규칙을 잘 습득하고 이로부터 보다 나은 성능을 찾아내는 조절 방법을 탐색하는 것이 필요하다. 이를 수행할 때는 체계적으로 해야 하며, 성능의 비교 대상이 되는 보트와 함께 하면 더 쉬워 진다.

시팅 각도

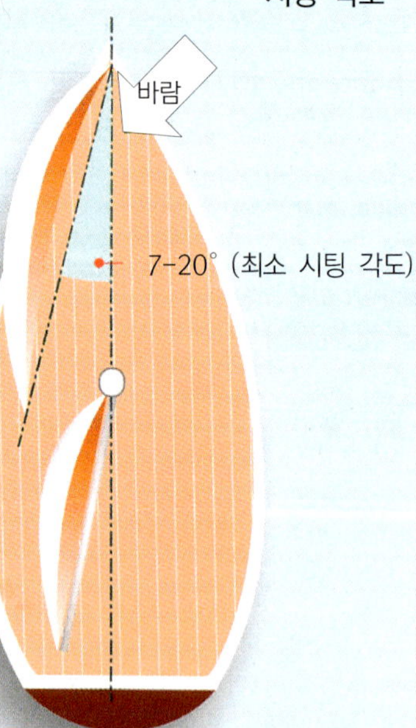

시팅 각도가 작아지면: 높은 포인팅, 낮은 보트 속력
시팅 각도가 커지면: 낮은 포인팅, 높은 보트 속력

45

- 시팅 각도는 보트의 중심선과 세일의 택부터 클루까지의 가상선 사이 각도를 말한다. 보트가 베어 어웨이하거나 어패런트 윈드가 뒤로 갈때는 이 각도를 크게 해야 한다(7페이지)

시트 각도는 클로스 홀드 성질을 제한한다. 작은 각이 되려면 타이트한 포스테이와 헤드세일의 시트 트랙을 보트 안쪽으로 두어야 한다. 경기용 리그에서는 7°까지 작게 할 수 있지만 매우 무거운 크루저에서는 20°가 될 수도 있다. 슈라우드 및 그 외의 것이 시팅 옵션을 제한 할 수 있다(최소 시팅 각도는 리그의 항력과 직접 연관되어 있다. 큰 항력은 더 큰 추진력이 필요하기 때문에 넓은 각을 가진다.).

작은 시팅 각도는 포인팅 능력에서 낫다. 약풍에 잔잔한 수면에서는 유용하다. 강풍의 거친 수면에서는 포인팅 능력은 떨어져도 추진력이 좋은, 넓은 각을 사용하라.

만약 **바버 홀러**(Barber hauler)나 폭 방향 시트 트랙이 있다면, 최소 시팅 각도는 범주 중에 조절할 수 있다(그림 69). 이런 장비는 경기정에는 흔한 것이다.

복원성

보트의 복원성, 균형 그리고 헬름의 **"느낌"**에 대해서 살펴보자. 이것들은 세일의 선택 및 세팅과 연관되어 있다.

앞서 이야기 했듯이, 제노아는 추진력을 위해 그리고 메인세일은 올바른 헬름 균형을 위해 트림해야 한다.

메인세일에 비해 제노아가 큰 마스트헤드 리그 보트에서는 이것이 중요하다. 헤드세일에서 생기는 "업워시" 때문에 프랙셔널 리그에서도 또한 맞는 이야기이다(46~47페이지 참고).

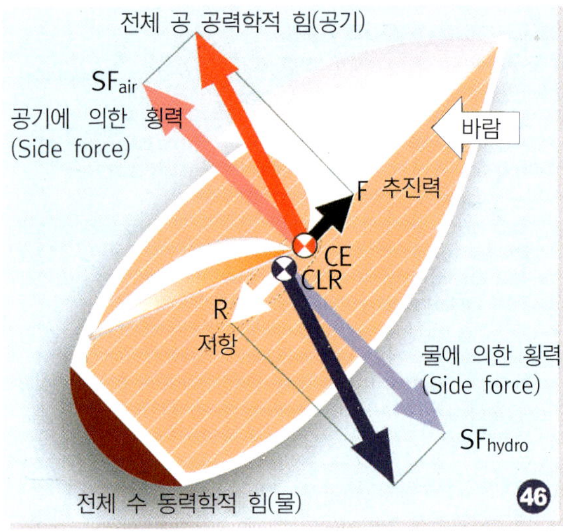

효과 중심(Center of Effort, CE)

여러 개의 세일에서 생기는 바람에 의한 모든 힘을 마치 하나의 세일에서 생기는 힘으로 합치는 경우를 상상하자. 합쳐진 이 하나의 힘은 세일 형상의 기하학적 중심 근처에서 작용하게 된다. 이 점을 **"효과 중심"**이라 한다.

횡 방향 저항 중심(Center of Lateral Resistance)

수면 아래에서 횡 방향으로 작용하는 저항 역시 같은 의미로써 "횡 방향 저항 중심"에서 작용한다. 이 점은 수면 아래 횡 방향에서 본 선체 및 킬 형상의 기하학적 중심 부근에 있다. 비슷하게 수면 아래 선체를 정면에서 보았을 때 **"저항중심**(Center of resistance)" 이 있다(그림 49, 50).

횡 방향 복원성

전체 공 동력학적 힘은 CE에 작용한다. 횡 방향 성분인 SF_{air}는 보트를 경사시키고 앞 방향 성분인 F는 보트를 추진시킨다(그림 46).

횡 방향 힘 SF_{air}는 CLR에서 작용하는 같은 크기, 반대 방향의 힘 SF_{hydro}와 대응한다. 이 힘은 수면 아래 선체와 킬(러더)등에 의한 힘으로 **"리웨이** (Leeway)"를 만들게 된다. 거의 킬에 의해 만들어 지는 이 힘은 요트를 풍상으로 달릴 수 있게 해 준다.

CE와 CLR에서 작용하는 힘들은 서로 짝을 이루어 보트를 기울이는 "경사 **모멘트**"를 만든다. 보트의 무게와 부력은 이 경사모멘트에 대응하는 회전 모멘트를 만든다. 이 모멘트들은 보트가 어느 특정 각도로 기울어 유지되고 있으면 그 크기가 같고 방향이 서로 반대이다.

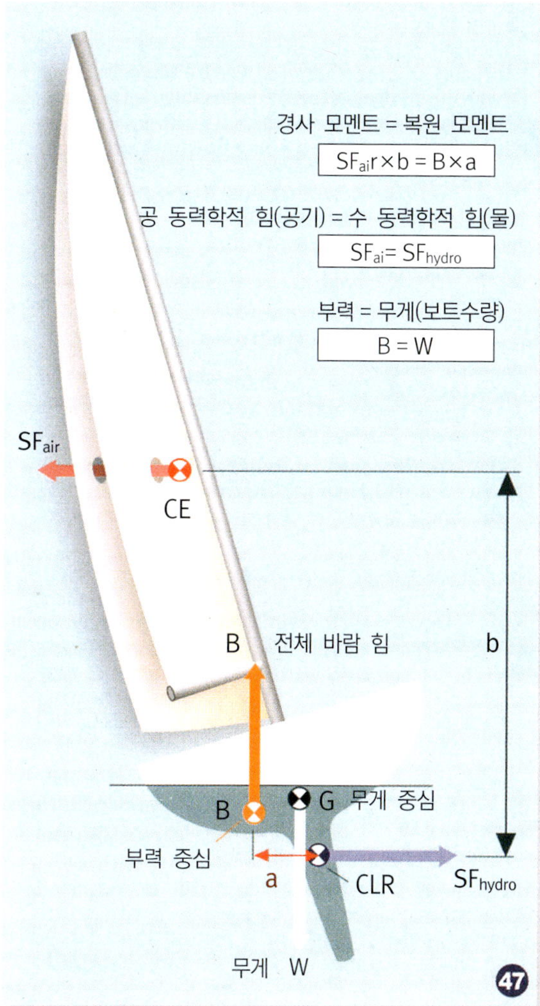

47

헬름 균형

전체 공력학적 힘과 전체 수력학적 힘들의 성분을 살펴보자. 이 힘들은 각각 CE와 CLR에 작용한다.

CLR에 대한 CE의 상대적인 위치는 보트의 범주 특성에 큰 영향을 끼친다.

CLR을 통과하는 연직 상하 축에 대해 보트가 회전하는 상황을 상상해 보자. 만약 헤드세일만 있다면 CLR 회전축을 기준으로 세일이 보트를 비틀기 때문에 보트는 베어 어웨이 할 것이다. 만약 메인 세일만 있다면 보트는 바람쪽으로 올라 갈 것이다. 코스를 유지하려면 러더를 사용해야 한다. 그래서 세 가지 상황이 가능하다:

A) 리 헬름(Lee helm)

CE가 CLR 앞에 있으면 요트의 선수가 바람으로부터 멀어지는 쪽으로 돌며, 코스를 유지하려면 바람쪽으로 들어가도록 조종해야 한다.

B) 균형 잡힌 헬름(Balanced helm)

CE와 CLR이 같은 선상에 놓이면서 균형이 잡힌다.

C) 웨더 헬름(Weather helm)

CE가 CLR보다 뒤에 있으면 요트는 바람으로 들어가는 쪽으로 돌며, 코스를 유지하려면 바람으로부터 멀어지도록 조종해야 한다.

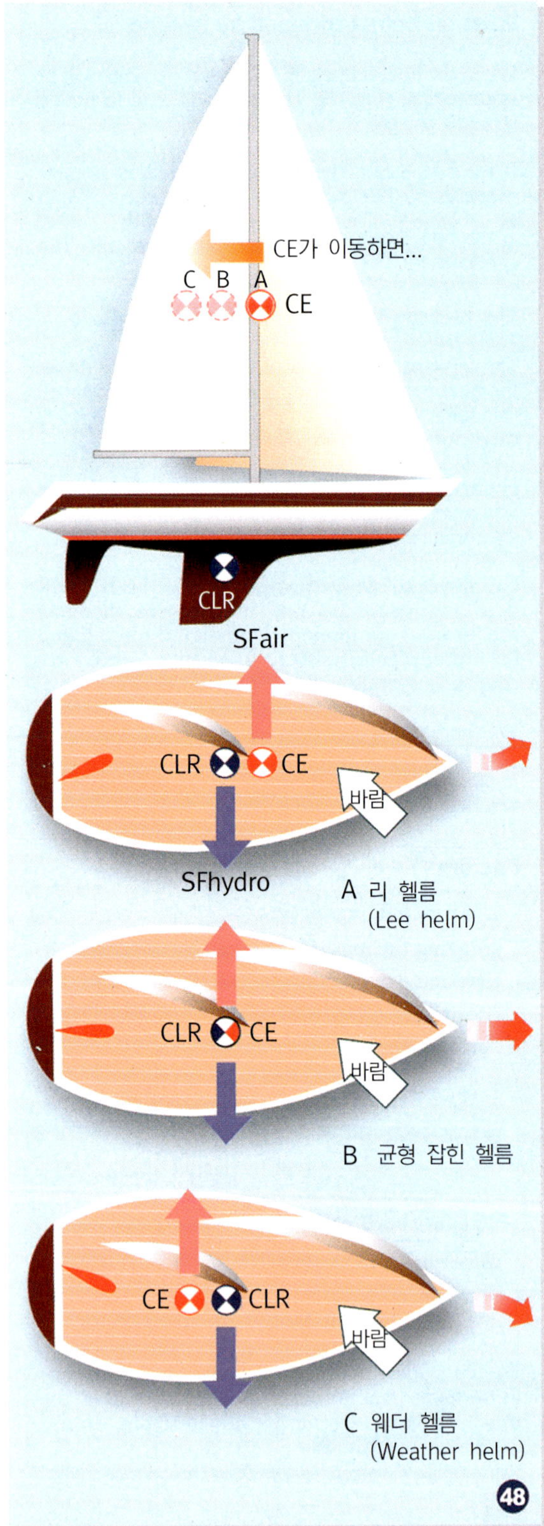

보통 어느 정도의 웨더 헬름을 가져가는 것이 바람직하다. 그러나 과도해 지면 코스 유지를 위해 러더 각도를 크게 해야 한다. 그러면 러더는 브레이크 역할을 하기 때문에 보트의 속력이 떨어진다.

살짝 걸린 웨더 헬름은 헬름즈맨에게 어떤 "느낌"을 주며 풍상 범주에 도움이 된다. 안전 측면에서 유리한 것이, 헬름즈맨을 잃었을 때 보트는 바람쪽으로 러프하고 정지하기까지 한다. 그러면 크루들이 알아차릴 것이다.

보통 3-5° 의 웨더 헬름이 최적이다.

주의

보트가 바로 서 있을 때 CE는 수선 길이[21]의 5-15% 정도 CLR 앞에 있는 것이 보통이다. 이것을 **"리드(Lead)"**라 한다. 보트가 움직이면서 기울어지면 그림 49와 50처럼 웨더 헬름을 얻는다.

21) 수면과 보트가 접하는 보트의 길이(Waterline length)

경사에 의해 생기는 웨더 헬름

보트가 바로 서 있으면 수선면(Waterplane)은 대칭이고(그림 49) 보트는 직진하려 한다. 보트가 기울어지면, 수선 면이 **비대칭**으로 변하고 돌려고 한다. 선수의 한쪽에서 물의 저항이 증가하여 선수가 한 쪽으로 쏠린다. 딩기를 가지고 테스트 해보라. 이 경사가 보통 웨더 헬름을 만든다.

추진력 F가 보트를 앞으로 나가게 한다. 보트의 속력이 일정하면 이 힘은 저항 R과 같은 크기에 방향은 반대가 된다.

저항은 **마찰**에 의한 저항과 파도를 만드는 저항으로 나누어진다. 이 저항은 저항중심(CR)에 작용한다.

보트가 기울어지면 CE가 풍하로 이동한다. CR도 그렇게 되지만 그 정도는 상당히 덜하다. 그런 이유로 F와 R이 조합이 되어 보트를 바람 속으로 돌리려 한다. 보트가 기울어질수록 웨더 헬름이 증가한다. 이는 수선면 형상이 비대칭이고 CE가 풍하로 이동하기 때문이다.

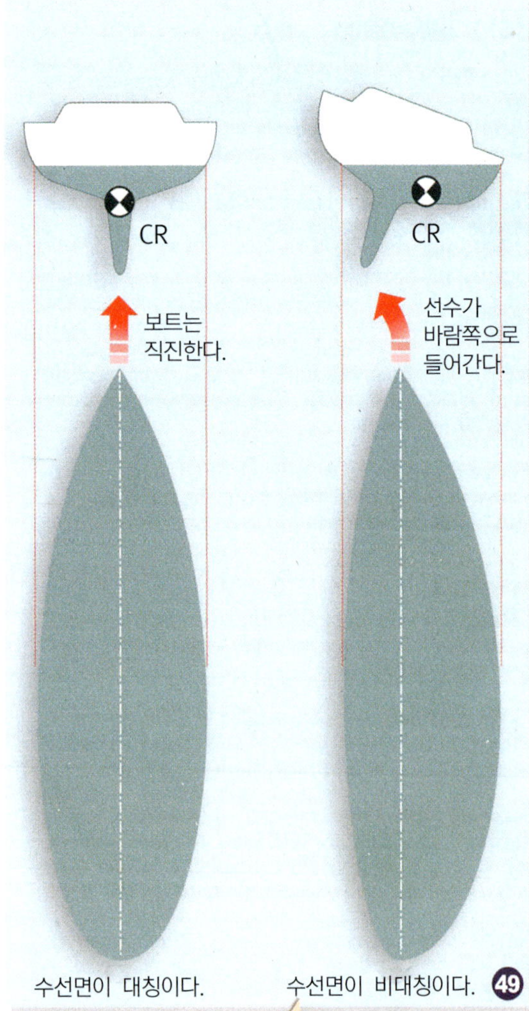

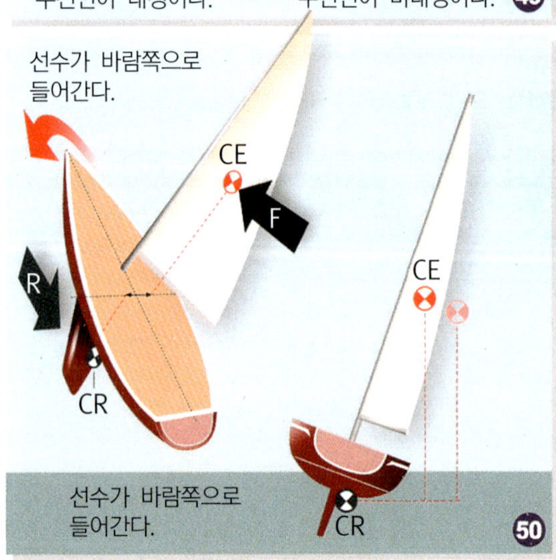

웨더 헬름을 줄이는 인자들:

1. CE를 앞으로 옮기기:
   - 마스트를 앞으로 옮긴다.
   - 마스트의 레이크(Rake)를 줄인다(102~103페이지 참고).
   - 메인의 면적을 줄인다(예 : 리핑).
   - 제노아의 면적을 늘린다(이렇게 하면 경사가 커지기 때문에 보통 웨더 헬름을 증가 시킨다).

2. CLR을 뒤로 옮기기:
   - 선미 쪽을 무겁게 한다.
   - 센터보드를 부분적으로 들어 올려 뒤쪽으로 쏠리게 한다.

3. 보트의 경사를 줄이기:
   - 풍상 쪽을 무겁게 한다.
   - 세일을 편평하게 하고 메인시트를 풀어 준다
   - 메인의 리치를 연다(트위스트를 더한다).

웨더 헬름을 더 얻으려면 위의 내용과 반대로 하면 되지만, 보통은 웨더 헬름이 너무 많이 생기게 된다. - 특히, 강풍에서.

메인세일 트림

거의 대부분의 바람과 해상 상태에서 메인세일을 사용한다. 극한적인 바람 상황에서 **트라이세일** (Trysail, **스톰 메인**)을 사용하는 경우를 제외하면 보통 메인세일을 바꾸는 일이 없다.

축범(Reefing)으로 메인을 줄이고 바람과 해상 상태에 맞춰 트림한다. 많은 요트맨들은 헤드 세일보다는 메인을 바르게 트림하는 것이 쉽다고 생각한다.

메인을 트림하는 것은 단순히 올바른 시트 텐션을 선택하는 것처럼 보일 수 있다. 하지만 두 번째 효과가 있기에 더 세심해야 한다. 최선의 연습에서 항상 끊임없는 주의가 필요하다. 실선에서 그렇게 애써 부지런히 달리려고 하는 크루저는 별로 없지만, 좋은 세일러들은 이에 대한 지식을 가지고 있고 또 최고의 속력으로 달릴 때 이를 활용한다.

항상 확인하고 지속적으로 조절해야 하는 네 개의 기본적인 방법이 있다:

네 개의 기본 트림 방법:

- 메인시트/키커 텐션으로 트위스트를 조절하라.
- 마스트 벤딩(Mast bending)과 아웃트홀(Outhaul)로 세일의 깊이를 조절하라.
- 메인 핼야드로 드래프트의 위치를 조절하라.
- 트래블러 위치로 헬름의 균형을 조절하라.

메인세일은 보트의 균형에 큰 영향을 끼친다. 그래서 항상 헬름 균형이 유지되도록 메인을 트림 - 특히 리치 텐션에 주의 - 하는 것이 중요하다.

리치를 당기거나 **"닫는"**것은 명백히 메인세일의 뒤쪽의 횡력을 증가시키고(웨더 헬름이 커진다) 보트를 바람 쪽으로 들어가게 한다.

리치를 느슨하게 하거나 **"여는"**것은 반대 효과가 있으며, 헬름에 균형을 주어 러더 저항 손실을 줄여준다. 리치 텐션의 변화는 클루에서 리치쪽 바로 위로 쳐다보면 알 수 있다.

- 닫힌 리치 : 웨더 헬름이 늘어난다.
- 열린 리치 : 웨더 헬름이 줄어든다.

너무 과도하게 리치를 열면 메인의 파워와 포인팅 능력이 떨어진다. 트랙에서의 트래블러 위치도 리치 텐션과 메인세일의 트위스트에 영향을 준다는 점에 주의하라(44~45페이지 참고).

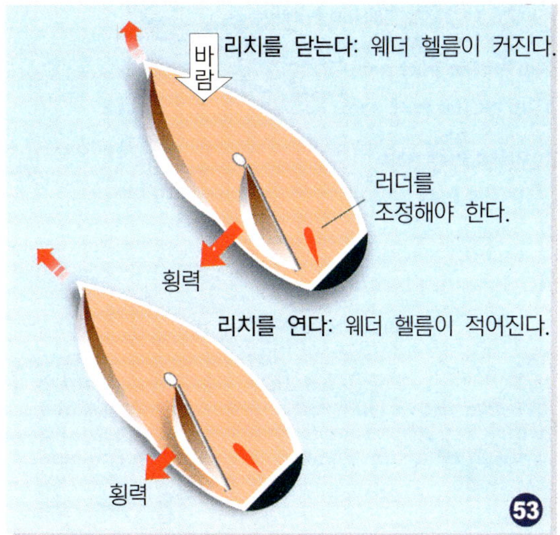

1. 메인시트 텐션으로 트위스트 세팅

시트 텐션으로 올바른 트위스트를 세팅하고 트래블러를 이동시켜 세일의 각도를 조절하라 - 리칭과 런닝에서는 제외. 그 후 키킹 스트랩(뱅)을 사용한다 (44~45페이지 참고).

세일의 트위스트는 **리치**로 가장 확실하고 알 수 있다. 최선책은 탑 배턴(Top batten)이 붐과 평행이 될 때까지 시트를 조절하는 것이다(탑 배턴 뒷 부분 - 끝으로부터 20-24인치 또는 50-60 cm - 을 보라).

시트를 놓으면 세일의 윗부분이 풍하 쪽으로 점점 더 떨어질 것이다(그림 52 참고). 시트를 당기면 리치 윗부분이 닫히면서 탑 배턴이 풍상 쪽을 가리킬 때까지 조금씩 트위스트가 줄어들 것이다. 그리고 세일의 윗부분이 **스톨/실속**할 것이다.

이제 탑 배턴의 텔테일이 펄럭거릴 것이고 리치를 돌아 풍하 쪽으로 말릴 것이다(그림 55 참고). 시트를 살짝 놓으면, 리치가 열리고 텔테일은 다시 뒤쪽으로 흘러 나간다(그림 56 참고).

아래의 경우에 올바른 트위스트를 얻을 수 있다.

- 탑 배턴이 붐과 평행할 때.
- 탑 텔테일이 시간상으로 50% 이상 뒤로 흘러 나갈 때.

붐 밑에서 위로 세일을 쳐다보라.
54

닫힌 리치: 공기흐름이 세일의 풍하 쪽으로 따라 흐르질 못한다.
55

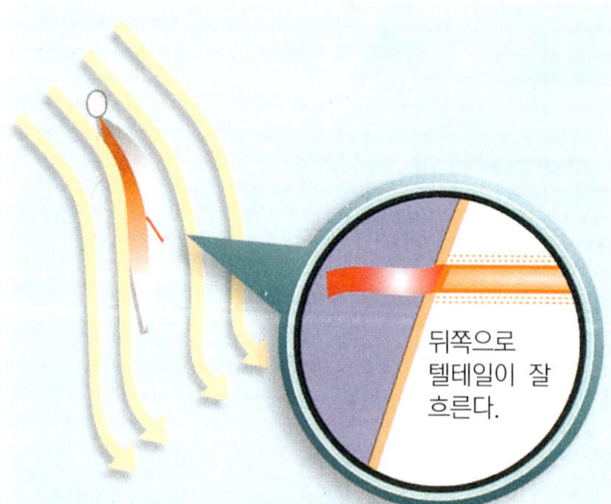

열린 리치: 공기 흐름이 세일의 풍하 쪽으로 따라 흐른다.
56

예외:

중풍의 잔잔한 수면 상황에서 탑 배턴이 약간 풍상 쪽으로 향할 때까지 시트를 당길 수 있다. 그러면 보다 높이 포인팅하면서 보트 속력을 유지 할 것이다. 이는 제노아의 러프가 마스트의 윗부분 근처에서 끝나는 마스트헤드 리그에서 가능하다. 즉, 공기흐름이 메인세일 윗부분의 풍하 쪽 곡선을 따라 나갈 수 있어 스톨/실속이 되는 것을 피할 수 있다. 약풍 그리고/또는 거친 수면에서는 탑 배턴이 풍하 쪽을 가리킬 때까지 시트를 풀어주는 것이 현명하다. 이렇게 함으로써 세일 윗부분의 리치가 열려(트위스트가 커져) 스톨/실속을 막을 수 있다.

탑 배턴이 살짝 풍상 쪽을 가리켜야 할 때:

- 중풍에 잔잔한 수면(마스트헤드 리그)

탑 배턴이 살짝 풍하 쪽을 가리켜야 할 때:

- 매우 약한 바람(2-6 노트 = 1-3 m/s)
- 거친 수면
- 택킹 직후

올바른 트위스트가 만들어 졌다면, 세일의 각도를 조정해야 한다(44~45페이지 참고). 메인의 트위스트를 결정하는 것은 **시트 텐션**과 **트래블러 위치** 사이의 **관계**라는 점을 기억하라. **키킹 스트랩(뱅)**으로 트위스트를 조정하는 리칭과 런닝은 예외이다.

2. 세일 깊이의 조절

마스트를 굽히면 세일의 가운데 부분과 윗부분을 편평하게 한다 - 특히, 높게 포인팅하는 것이 필요하며 파도를 헤치고 나가는데 많은 파워가 필요하지 않은 강풍의 잔잔한 수면에서 필요하다(주로 갇힌 수역에서 이런 상황을 볼 수 있다).

마스트를 굽히는 기술은 리그 타입에 따라 다 다르다. 프랙셔널 리그에서는 마스트헤드 리그보다 더 많이 굽힐 수 있다. 마스트헤드 리그에서는 백스테이를 사용해 마스트를 어느 정도 굽히는 게 어렵다.

보트에 베이비 스테이(Baby stay)가 있으면, 텐션을 가해 마스트를 추가로 더 굽힐 수 있다. **보트의 아래 슈라우드(Lower shroud)가 두 개 일 때**, 마스트 벤딩을 더 얻으려면 앞쪽 슈라우드를 타이트하게 하기 전에 뒤쪽 슈라우드를 느슨하게 풀어줘야 한다.

마스트를 굽히면 러프가 리치로부터 멀어지는 방향으로 이동한다. 이렇게 하면 세일 천이 더 늘어나게 되어 편평해 진다. 동시에 드래프트가 뒤로 이동한다. 핼야드나 **커닝험**(Cunningham)에 텐션을 줘서 드래프트를 앞으로 이동시켜 올바른 위치에 둔다. 세일이 편평해지고 드래프트가 뒤쪽 올바른 위치로 이동하면, 리치가 열린다. 그러면 시트를 조금 당겨 같은 트위스트를 유지한다.

메인의 가운데 그리고 윗부분을 편평하게 한다.

- 강풍에 상대적으로 잔잔한 수면에서
- 파워보다는 포인팅을 높게 하고 싶을 때
- 너무 많은 웨더 헬름에 축범 할 수 없을 때 (또는 하기 싫을 때)

아웃트홀(Outhaul)

아웃트홀은 세일 아랫부분의 깊이 조절을 한다. 아웃트홀에 텐션을 주면 줄수록, 세일 아랫부분은 더 편평해 진다.

강풍과 상대적으로 잔잔한 수면에서 아웃트홀은 타이트하게 하고 메인의 아랫부분을 편평하게 한다. 이렇게 하면 리치가 열리고 웨더 헬름이 줄어든다. 거친 수면에서 더 많은 추진력이나 파워가 필요하다면 아웃트홀을 조금 풀어 세일 아랫부분을 더 깊게 한다.

- 약풍 : 아웃트홀을 느슨하게
- 중풍 : 아웃트홀을 타이트하게
- 강풍 : 아웃트홀을 최대로 타이트 하게
- 수면이 거칠면 : 아웃트홀을 살짝 놔 준다.

극도로 약한 바람이라면 세일을 편평하게 하고 트위스트를 많이 사용하는 것이 도움이 된다는 점에 주의하라. 그 이유는 이런 바람 조건에서는 공기가 깊은 세일의 풍하 쪽을 따라 흐를 힘이 없기 때문이다.

이는 60페이지에서 말한 것과 대조된다. 그러나 이런 편평한 세일에서 생기는 파워가 너무 작아서 무거운 보트를 움직이게 하기에는 힘들 것이다.

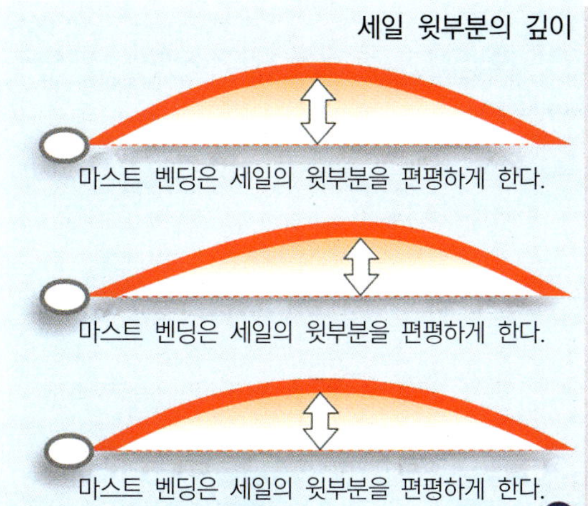

58

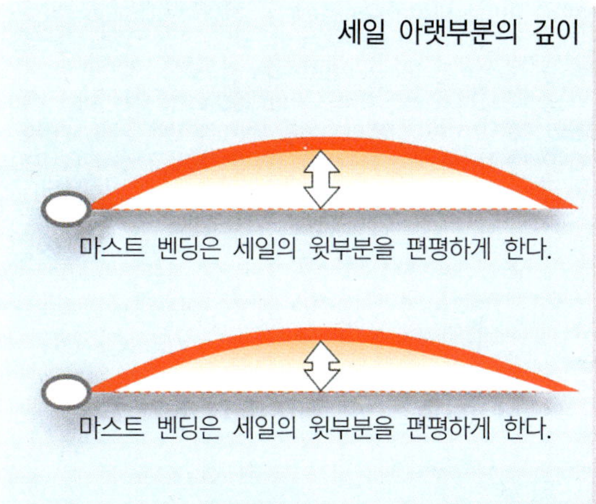

59

풋으로부터 10-20인치(25-50 cm) 위의 메인 리치에 있는 고리로 축범부(Reef)를 편평하게 할 수 있다. 이 고리에 줄을 넣어 당기면서 붐 끝 쪽으로 뺄 수 있다.

축범부를 편평하게 하는 방법을 이용하면 세일 아랫부분을 편평하게 할 수 있다. 요즘 세일은 조금 다른 방식으로 만들어져서 아웃트홀 만으로도 충분히 메인의 아랫부분 깊이를 조절할 수 있다.

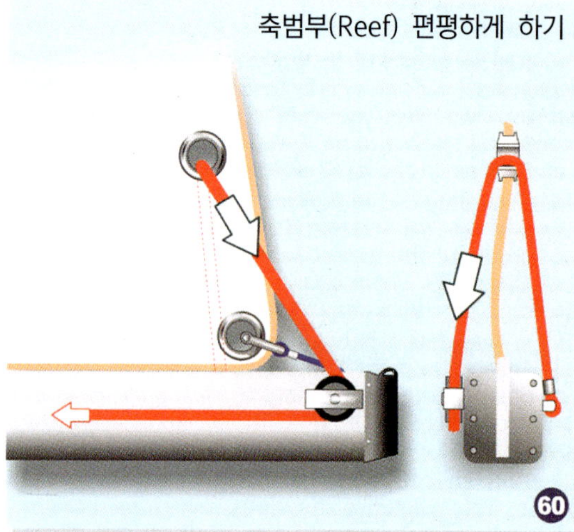

3. 드래프트 위치 조정하기

메인의 깊이를 조절했으면, 이제 드래프트의 위치를 조정해야 한다. 대부분의 수면과 바람 상황에 대해 45-50%로 세팅되어 있다. 드래프트 위치는 핼야드 텐션을 조절하여 바꿀 수 있다.

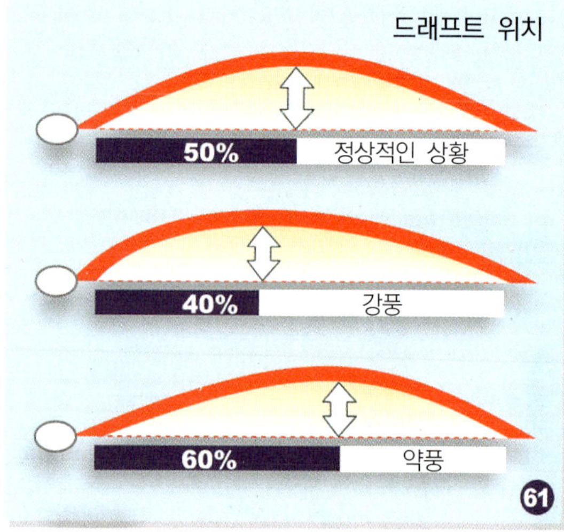

핼야드나 커닝험을 타이트하게 할수록 드래프트는 앞으로 이동한다. 오래된 세일은 조금 더 당겨야 하는데 이는 세일이 낡아 있으면 드래프트가 뒤로 이동하기 때문이다.

약풍 상황에서는 드래프트 위치가 55-65%가 될 때까지 핼야드를 풀어 줄 수 있다. 이런 상황에서 생기는 러프 부근의 작은 주름은 무시하라 - 특히, 브로드 리치나 런 일 때.

바람이 강해지면 드래프트가 뒤로 이동한다. 그러면 핼야드에 텐션을 줘서 드래프트의 위치를 조정해야 한다.

- 드래프트 위치는 일반적으로 45-50%이다.
- 약풍에서는 특히, 리치나 런에서, 드래프트를 뒤로 이동시켜 55-60%에 둔다.

커닝험은 세일 택에서 출발하여 메인 택 위에 있는 고리를 통과한 후 아래로 내려와 클리트에 고정되는 줄을 말한다(그림 62 참고). 이 줄은 러프 부근의 세일을 아래로 잡아당기는 역할을 한다. 러프 자체를 늘이기 때문에 핼야드를 당기는 방법 보다 효과적이다. 추가로, 핼야드를 당기면 리치의 위 부분이 닫히는 경향이 있다.

커닝험을 당기면, 리치의 윗부분이 열릴 것이다(바람이 강해지면 바람직한 것이다). 커닝험을 사용하면 드래프트 위치를 바꾸는데 있어 상대적으로 힘이 덜 들게 된다.

고리 주위의 몇 몇 주름과 부근의 조금 헐렁한 세일은 보다 나은 세일 형상을 만드는데 있어서는 조금의 희생이다.

- 커닝험으로 드래프트를 보다 쉽게 이동시킬 수 있다.
- 커닝험을 타이트하게 하는 것이 핼야드를 타이트하게 하는 것보다 리치를 조금 더 열리게 한다.

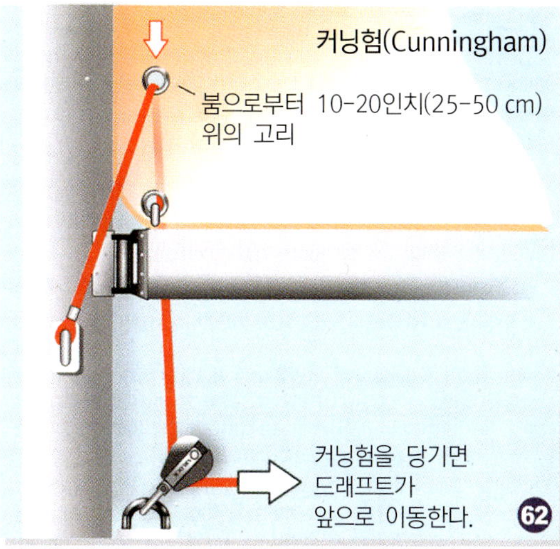

4. 트래블러 위치로 헬름 균형 조정하기

트랙에서의 트래블러 위치는(시트 텐션과 함께) 보트의 중심선에 대한 그리고 바람에 대한 메인의 각도를 조절한다.

트래블러의 위치는 보트의 헬름에 영향을 끼치고 리 헬름, 웨더 헬름 또는 헬름 균형을 만든다. 트래블러와 메인시트 텐션 사이의 관계는 이해하기 어려울 수 있다. 덱에 있는 트랙이 마스트를 중심으로 하는 원의 일부분이라 생각해 보자. 첫 번째로 시트를 당기면 세일에 어떤 트위스트가 생긴다. 그리고 트랙에서 트래블러를 옮기면 시트 텐션을 바꾸지 않는 이상 트위스트는 변하지 않는다(그림 64 참고).

보통 트랙은 짧고 직선이다(간혹 트래블러가 없는 보트가 있는데 이 경우 시트는 단순히 보트의 중심선 상에 있는 패드아이에 붙어 있다). 세일의 조절과 세팅은 시트, 트래블러의 조합에 영향을 받는다. 나아가 리칭이나 런닝에서는 키킹 스트랩(뱅)의 영향도 받는다.

최선책

- 트래블러를 중심선에 두고 시트를 이용해 트위스트를 조정하라.
- **비팅과 클로스 리칭** : 바람에 대한 메인세일의 각도를 조정하도록 트래블러를 움직여라.
- **브로드 리치와 런닝** : 시트를 놓기 전에 키킹 스트랩을 사용하라. 이제 트래블러를 최대한 풍하 쪽으로 이동시켜라.

63

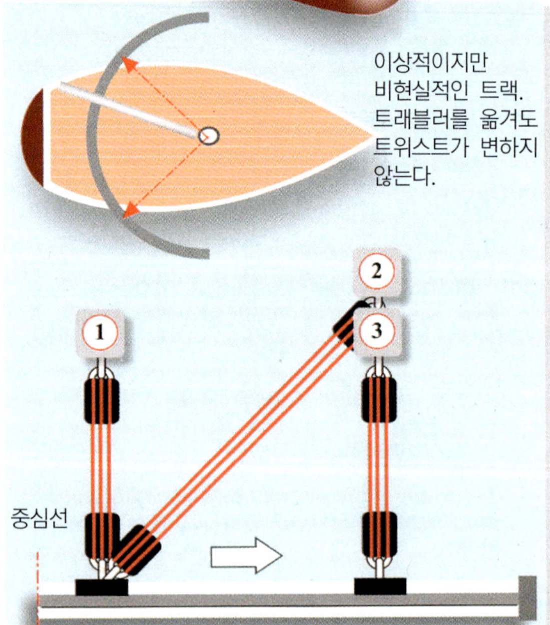

1에서 2로 시트를 놓으면 붐이 올라가고 트위스트가 커진다. 트래블러만 옮기면 시팅 각도는 커지지만 트위스트는 유지 된다(3).
64

일반적으로 바람이 세지면 메인의 마스트 주위 부분이 약간 러프할 때까지 트래블러를 중심선에서 풍하 쪽으로 옮겨야 한다.

약풍에서는 트래블러를 풍상 쪽으로 움직여라. 그러나 붐이 중심선을 넘지 않는 범위까지이다(특히, 경기를 하는 경우 이에 대한 예외는 있다).

텔테일을, 특히 맨위에 있는, 주시하라. 텔테일들이 뒷 방향으로 흘러가야지 말리면 안 된다. 말리면 메인이 스톨/실속하고 있는 것이다.

- 약풍에서는 트래블러를 풍상 쪽으로.
- 바람이 세지면 트래블러를 풍하 쪽으로, 메인의 많은 부분이 러핑하지 않도록.

트래블러를 풍하 쪽으로 옮기면 웨더 헬름이 줄어든다. 따라서 보트의 코스를 유지하는데 있어서 작은 러더 각도만 있으면 되기 때문에 조종하기가 더 편하고 보트의 속력이 늘어난다. 러더 각도가 5° 이상이 되면서 범주하게 되면 "핸드 브레이크를 작동"시키면서 범주하는 것이라는 점을 기억하라. 그래서 메인에 상당한 러핑이 없는 한도 내에서 최대한 트래블러를 풍하 쪽으로 옮기는 것이다.

리핑(Reefing)이 불가능하거나 주위 상황이 압박적이라면 짧은 시간동안 메인에 백윈드(Backwind)가 들어오는 것을 허용할 수 있다. 세일이 털리는 것(Flogging)을 피하라. 빨리 노화되고 손상이 올 수 있다.

제노아와 메인의 상호 작용

그림 28(업워시)에서 보았듯이 헤드세일은 메인을 지나가는 공기흐름에 큰 영향을 끼친다.

그래서 헤드세일과 메인세일을 하나의 큰 날개로 보아야 한다. - 메인의 리치는 트림 플랩(Trim flap)이 된다.

제노아와 메인이 중복되는 부분을 **슬롯**(Slot)이라 부른다. 슬롯의 너비는 각각의 세일을 어떻게 트림 하느냐에 달려있다.

약풍이나 중풍에서 바람 속으로 올라갈 때, 메인의 트림은 :

제노아가 러핑함에 따라 메인의 풋부터 탑까지 동시에 그리고 균일하게 메인 러프에 백윈드가 들어와야 한다(모든 풍상 쪽 텔테일이 동시에 펄럭거린다).

바람이 세어지면 보트의 균형을 유지하기 위해 메인의 마스트 부근에 백윈드가 들어오게 할 것이다. 만약 세일의 많은 부분에 백윈드가 들어오게 되면, **슬롯이 너무 좁은 것**이다 - 즉, 흐름을 방해하는 것이다. 러핑을 피하기 위해 당신이 시도해 볼 수 있는 것은 :

- 제노아 시트를 살짝 놓는다.
- 트위스트를 더 준다(트래블러를 풍상 쪽으로, 시트를 풀어 준다).
- 메인을 편평하게 한다.

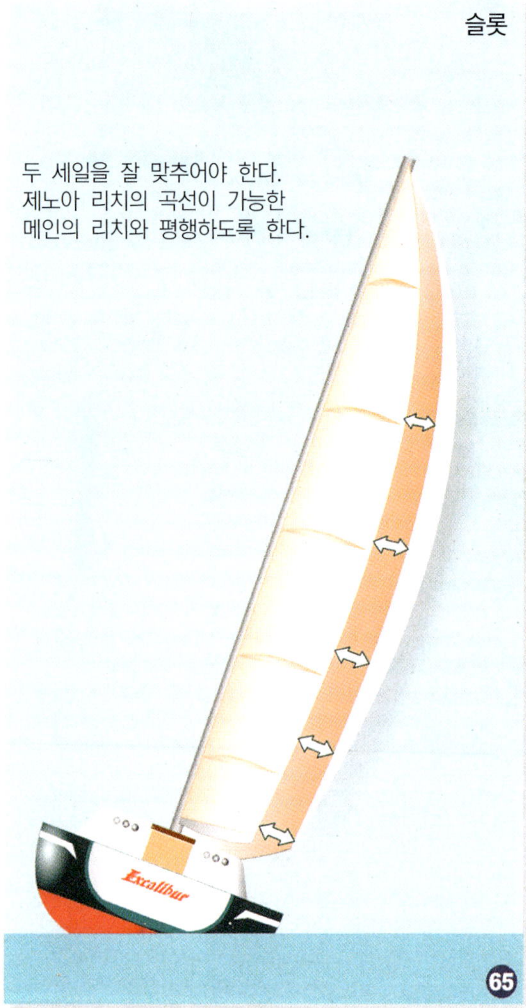

65

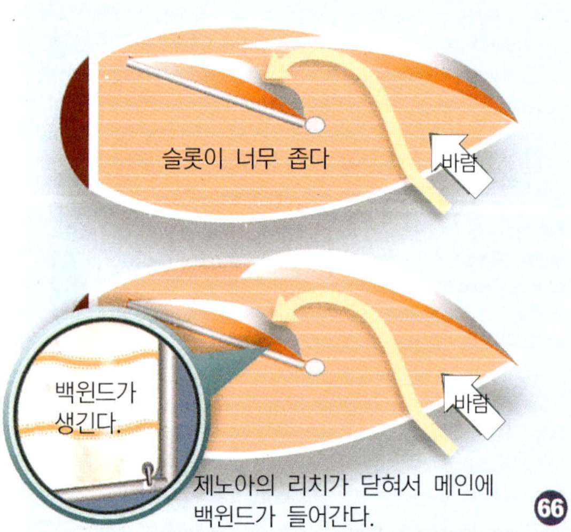

66

주의

메인이 러프하면, 닫힌 제노아 리치(메인에 백윈드를 불어 넣는) 때문일 수 있다. 만약 그렇다면, 제노아의 드래프트를 앞으로 옮기거나 제노아 시트를 당겨 이 문제를 해결할 수 있다.

슬롯이 너무 넓다면, 메인은 세일 사이의 상호작용으로 인해 추가로 얻을 수 있는 추진력을 잃게 된다. 그러면 다음을 시도해 보라 :

- 메인시트를 풀어준다(더 많은 파워와 속력).
- 제노아 시트를 당긴다(더 높은 포인팅).
- 메인의 깊이를 더 한다(더 많은 파워와 속력).

주의

이 모든 것을 앞 서 제노아와 메인에 대해 이야기했던 것과 비교해야 한다. 점점 더 복잡해지지만 일반적으로 :

- 세일은 깨지기 일보직전에 가장 효율적이다.
- 세일이 아직 풍만하다면 세일을 바깥으로 내보낼수록 더 효율적이다.

슬롯의 폭은 메인에 첫 백윈드가 막 나타날 때의 폭이 최적이다.

리치가 펄럭거릴 때

가끔 세일의 리치가 펄럭거리는 경우를 볼 수 있을 것이다. 세일에 리치 코드(Leech cord)가 있다면, 리치가 막 펄럭거리지 않을 때 까지 당겨라.

코드를 당김으로써 리치가 말리거나 풍상 쪽으로 휘어질 수 있다. 둘 다 세일의 성능에 중대한 영향을 끼치지 않지만, 덜 짜증나고 세일의 손상도 줄일 수 있다.

큰 제노아의 경우 리치 코드처럼 풋 코드(Foot cord)도 있다.

- 펄럭거림이 막 없어질 때 까지 리치 코드를 당긴다.

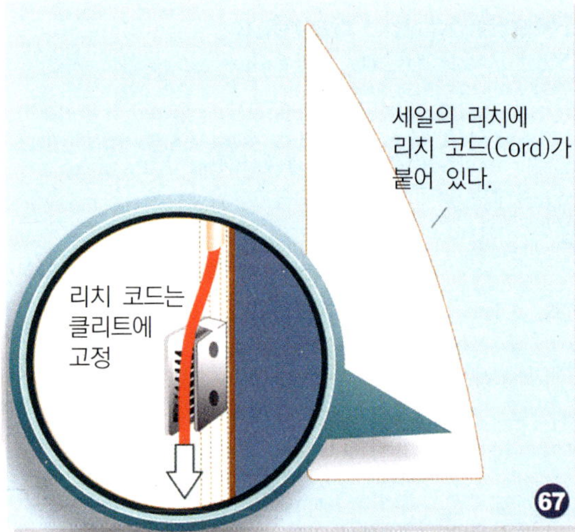

67

세일 형상은 자동차의 기어 박스에 비교할 수 있다. 가속하거나 파도를 뚫고 세일하기 위해 파워가 필요하면 **낮은 기어**를 사용한다. 포인팅 능력보다 파워가 더 필요하면, 넉넉한 트위스트와 풍만한 세일을 사용하라. 경기 요트인 들은 택 후에 가속할 때 사용한다. 거친 해상과 불규칙한 바람일 때 좋다.

낮은 기어 또는 1단 기어

- 넉넉한 트위스트, 둥근 엔트리가 풍만한 세일
- 넓은 그루브, 풀 파워, 높게 포인팅 하지는 않음.

2단 기어는 수면이 너무 거칠어지지 않으면서 바람이 세질 때 사용한다. 보트 속력을 높이고 싶으면서 동시에 높이 포인팅하기를 바랄 것이다. 세일 시트를 좀 더 당기고, 세일을 편평하게 하지만 아직 엔트리는 둥글어 그루브를 상대적으로 넓게 유지한다.

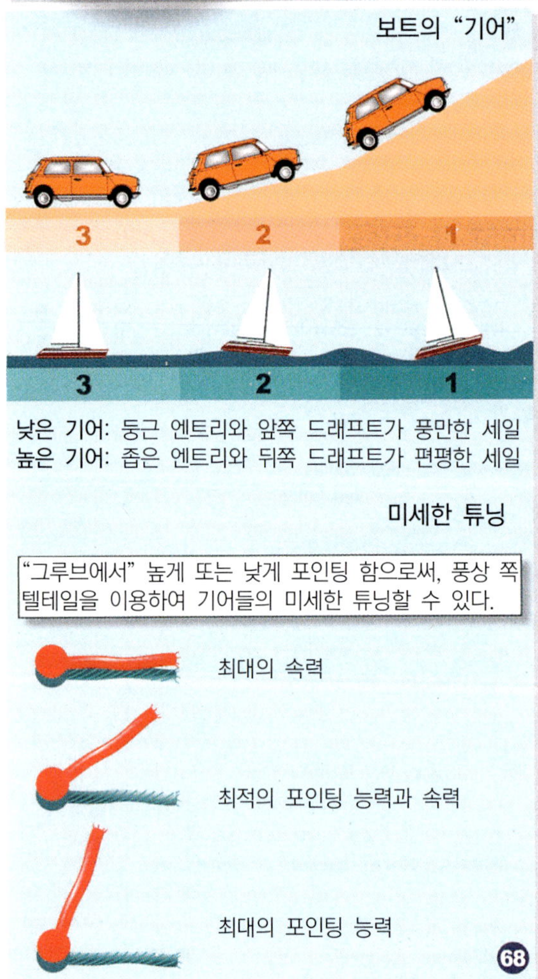

68

중간 기어 또는 2단 기어

- 시트를 당겨 세일을 편평하게 하지만 둥근 엔트리를 유지한다.
- 중간 정도의 파워와 포인팅 능력

높은 기어는 중풍에 잔잔한 수면 상태에서 이상적이다. 최대의 포인팅 능력에 좋은 보트 속력을 유지할 수 있다. 최대 포인팅 능력에 맞춰 시트를 당기고 세일을 편평하게 트림한다. 제노아의 엔트리는 더 좁아질 것이고(타이트한 포스테이) 드래프트는 제노아, 메인 둘 다에서 뒤쪽으로 이동할 것이다.

높은 기어 또는 3단 기어

- 매우 편평한 세일, 매우 강하게 시트를 당긴다. 파워는 덜하지만 최대 포인팅 능력을 위해 좁은 엔트리와 뒤쪽 드래프트.

바람이 매우 강하고 리핑을 하고 싶지 않을 때도 높은 기어를 사용할 수 있다. 세일에 트위스트를 더하고 시트를 살짝 풀어 세일에 힘을 뺀다(De-power).

리칭과 런닝

앞에서 이야기 한 것들은 물론 리칭과 런닝에서도 그대로 적용된다. 가능한 세일 표면에 공기흐름이 많이 붙어 있도록 하는 것이 중요하다. 그러나 어패런트 윈드가 뒤로 이동하는 리칭이나 런닝에서는 약간의 제약이 있어 소개한다.

제노아

어패런트 윈드가 비팅에서 리칭으로 뒤로 이동(Shift)하면(35° 이상의 어패런트 윈드), 제노아를 풍만하게 유지하는 게 더 힘든 곳으로 들어가게 된다. 시팅 포인트(트래블러)를 그림 69와 같이 배 바깥에 두는 것이 이상적이다.

세일을 새로운 바람 방향에 맞추려고 시트를 놓아주면 제노아에는 보통 너무 많은 트위스트가 생긴다.

트위스트를 줄이기 위해 트래블러를 앞으로 옮기면 안타깝게도 제노아의 아랫부분에 너무 큰 곡선이 생기게 된다. **"바버 홀러"**(크루저에서는 잘 사용하지 않지만)를 사용하여 시트 리드(Lead)를 앞으로 그리고 토 레일(Toe rail) 바깥으로 옮길 수 있다.

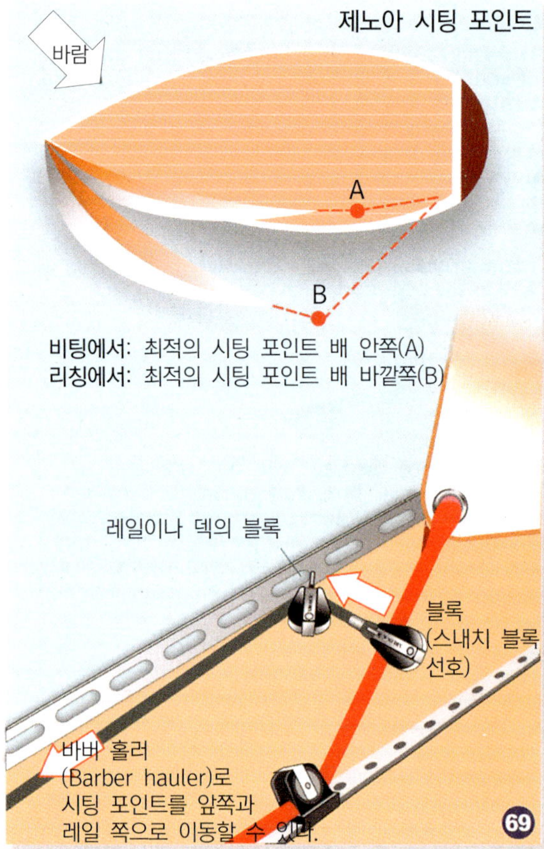

바버 홀러가 없다면 풍상 쪽의 모든 텔테일들을 안정시키기가 힘들다. 이런 상황에서는 세일의 중간 부분 세팅에 집중하고 윗부분과 아랫부분은 무시 하라. 세일에서 가능한 많은 추진력이 나오도록 가운데 텔테일을 주시하라(그림 70).

바람이 더 뒤로 이동하면, 메인에 가려서 더 이상 제노아를 풍만하게 할 수 없는 지점에 도달하게 된다. 이럴 때 폴(Pole)을 이용해 제노아를 풍상 쪽에 세팅할 수 있다(그림 12, 13).

주의

어패런트 윈드가 빔 뒤로 이동하면 풍하(Downwind) 세일 - 제너커 또는 스피네커[22] - 을 생각해야할 때가 된다. 이 세일에 대해서는 뒤에 나온다.

바람이 뒤로 이동하면:

- 시팅 포인트를 앞으로 그리고 가능한 레일 바깥으로 옮긴다.
- 아랫부분은 과한 트림(Over trim), 윗부분은 트위스트가 많이 생기도록 그리고 세일 가운데 부분을 올바르게 트림한다. 또는 바버 홀러를 사용한다.

바람이 쿼터에 있으면:

- 필요하다면 폴을 사용하여 제노아를 풍상 쪽에 둔다. 가능하면 베어 어웨이 한다.
- 스피네커와 제네커를 세팅한다.

---

22) 제너커(Gennaker), 스피네커(Spinnaker)는 ORC의 경우, 각각 비대칭 스피네커(Asymmetric spinnaker), 대칭 스피네커(Symmetric spinnaker)라고 한다.

메인

리치로 베어 어웨이 할 때는 항상 메인세일의 맨 위 텔테일을 주시하라. 가능한 한 모든 텔테일이 뒷방향으로 부드럽게 흐르도록 하라.

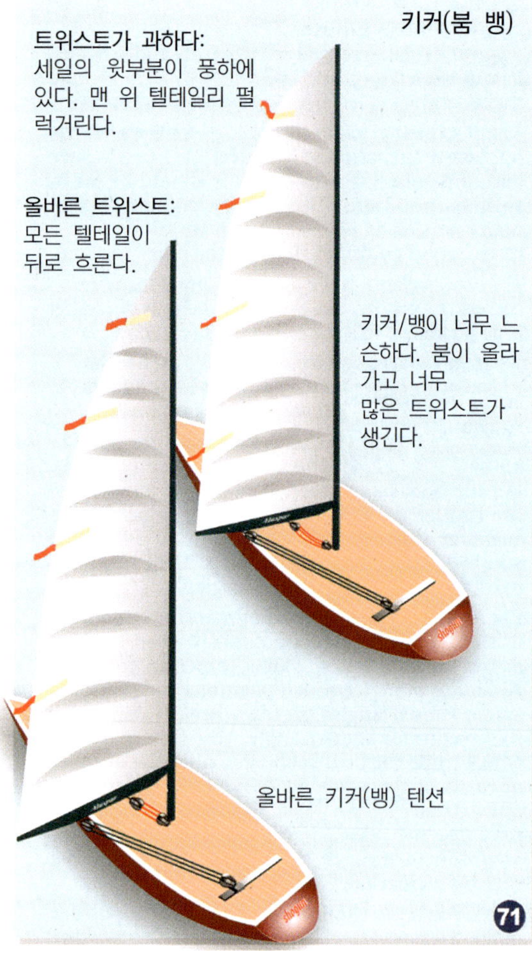

메인시트

리칭이나 런닝에서 메인시트로 세일의 트위스트를 잘 조절하는 것이 쉽지 않다. 이는 시트가 느슨해지는 경향이 있어(그림 64) 시트의 수직방향 당김이 줄어들기 때문이다. 리치나 런에서 메인시트의 역할은 무엇보다 보트의 중심선에 대한 메인의 시팅 각도를 조절하는 것이다. 세일의 앞부분이 러프할 때까지 시트를 놓아주고 나서 다시 시트를 살짝 당겨라.

많은 요트인들은 세일의 가운데 부분인 마스트로부터 25-35인치(60-90 cm) 부분에 추가로 텔테일을 붙인다. 이 텔테일들의 풍하 쪽이 펄럭거리면, 세일이 스톨/실속된 것이다. 뒷 방향으로 잘 흐를 때까지 시트를 놓아야 한다.

어패런트 윈드가 빔에서 쿼터로 바뀌면 텔테일들이 펄럭거릴 것이고 항상 말릴 것이다! 가능한 최대로 세일을 밖으로 놓아야 한다. 그렇지 않으면 대부분의 시간에 대해 스톨/실속할 것이다.

키커(키킹 스트랩 또는 뱅)

키커는 리치와 런에서 트위스트를 조절한다. 메인을 밖으로 빼기 전에 키커를 당겨 트위스트를 세팅하라. 시간의 50% 이상에 걸쳐 텔테일이 뒤쪽으로 부드럽게 흐르는지(특히, 맨 위 텔테일) 확인하라. 그렇지 않다면, 키커의 텐션을 다시 한 번 조절하라(우선 메인을 당겨서 키커를 당기는 수고를 좀 줄여야 할 것이다).

약풍에서는 키커를 너무 세게 당기지 않도록 주의해야 한다. 종종 붐의 무게가 너무 많을 수 있다. 바람이 세지면 맨 위 배턴이 붐과 거의 평행이 될 때까지 키커를 당겨야 한다(그림 54). 이는 텔테일이 뒤로 흐르는 것과 일치하는 최선책이다.

세일의 가운데 부분 텔테일이 스톨/실속을 표시한다. 풍하 쪽 텔테일이 펄럭거릴 것이다. 72

세일 깊이

리치나 런에서 세일에 깊은 드래프트가 만들어 지도록 아웃트 홀을 풀어줘라. 이렇게 하면 특히 세일의 아랫부분에서 풍만함이 더해 질 것이다. 마스트의 위쪽을 펴기 위해 백스테이를 놓아 주어 세일 윗부분에 풍만함을 더하라. 핼야드나 커닝험을 풀어 드래프트를 뒤로 옮기라.

- 키킹 스트랩(뱅)으로 트위스트를 조절한다.
- 탑 배턴의 텔테일이 시간의 50% 이상 뒤로 흐르는지 확인하라.
- 아웃트 홀을 놓고 마스트를 펴서 세일에 깊이를 더하라.

마킹

마킹은 조절과 세팅을 기록하는 것이다. 이로써 필요할 때에 더 쉽고 더 빠르게 세팅을 할 수 있다.

크루징 요트에서는 보트에 이러한 마킹을 하는 경우가 거의 없다. 여러 상황에 따라 세일을 세팅했던 경험과 기억에 의존한다. 그런 것도 가능하겠지만, 보트위에 마킹을 해두면 많은 상황에서 확실한 이점이 있다.

배의 균형은 올바른 세일 세팅에 있어 가장 중요한 표지이다. 그러나 헬름이 중립에 있다 하더라도, 세일이 올바르게 세팅 되었다는 보장은 없다.

보트의 코스 유지를 하려 할 때 러더 각도가 8°이상 필요하면, 세일이나 리그의 튜닝에 개선이 필요하다고 확신해도 된다.

따라서 보트의 균형 상황을 정확하게 알 수 있는 능력이 중요하다. 보트에 틸러(Tiller)가 있다면, 러더 각도를 바로 볼 수 있다. 그림 73과 같이 틸러 각도를 표시하는 게 실용적이다. 보트가 휠 스티어링(Wheel steering)으로 되어 있다면 상황이 좀 힘들어 진다. 그래서 러더 각도를 표시할 마크가 필요해 진다.

그림 73은 휠에 마킹하는 방법을 보여준다. 보트가 물 밖에 있으면 정확하게 마킹하는 것이 보다 쉽다. 한 사람은 미리 정해진 위치만큼 러더를 돌리게 한다. 그리고 휠에 실제 러더 각도를 마킹한다. 최대 러더 각도를 알고 있다면, 보트가 물에 떠 있어도 휠에 마킹할 수 있다. 한쪽 끝에서 다른 끝까지 휠을 돌리면서 회전 횟수를 센다. 그러면 휠을 돌렸을 때 러더의 움직임을 각도로 계산할 수 있다(휠 바퀴에 표시하면 적당하다).

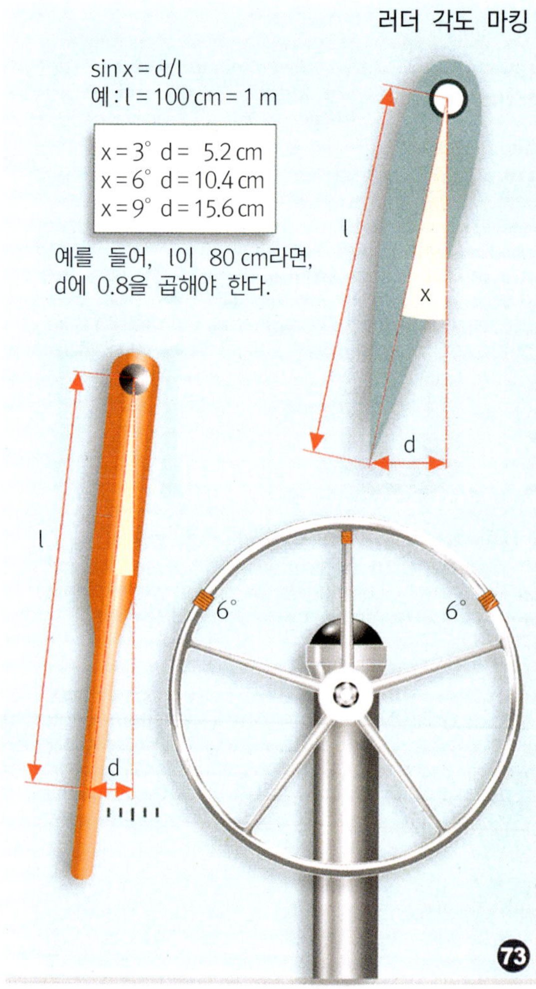

■ **주의**

하기 전에 스티어링 시스템의 느슨함을 없애면, 마킹은 더 정확해 질 것이다.

핼야드 마킹

마스트 아래, 핼야드가 빠져 나오는 부분에 마킹함으로써, 핼야드가 얼마나 타이트한지 알 수 있다. 마스트 탑에 있는 쉬브(Sheave)에 핼야드 샤클이 닿기 전까지, 세일이 얼마나 올라갈 수 있는지를 표시한 마크를 이용하면 최대 핼야드/러프 텐션을 알 수 있다 - 단, 커닝험을 사용하지 않는다면.

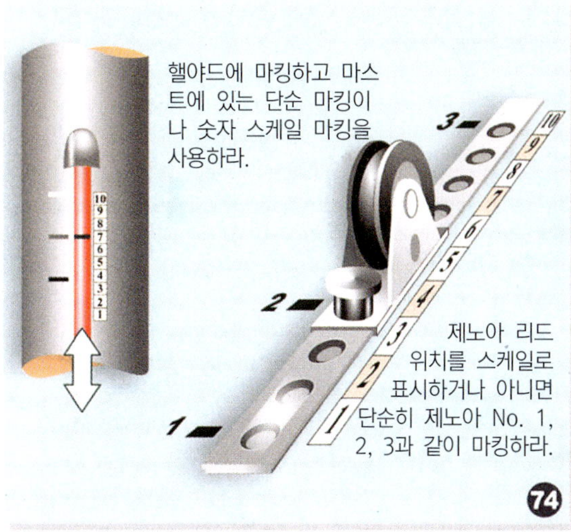

■ **주의**

각 축범부(Reef) 고리 위치에 대해서 메인 핼야드에 마킹해 두면 좋을 것이다. 그렇게 함으로써 정확한 핼야드 길이를 빠르게 찾을 수 있다.

그림에서 숫자로 표시된 스케일을 눈여겨보라. 크루징 요트인들은 단순히 마킹만 하는 경우가 많지만, 숫자 스케일은 경기 요트인들이 많이 사용하는 방식이다.

다양한 헤드세일에 대한 **제노아 리드 위치**는 그림 74처럼 마킹할 수 있다. 실제 제노아에 대해 단순하게 구멍 옆에 1, 2, 3으로 마킹한다. 숫자 스케일 마킹을 사용하면 더 섬세한 튜닝을 할 가능성이 높아진다.

시트 마킹

특히, 세일이 바뀔 때 마다 세일에 하는 매듭의 위치가 바뀌는 경우에, 제노아 시트를 마킹하기에는 좀 문제가 있다. 메인시트에 표시하는 것은 좀 쉬울 수 있으나 많은 요트인들은 굳이 시트에 마킹할 필요를 느끼지 못한다.

보통, 제노아 시트 텐션의 판단 척도로, 스프레더 끝과 세일 사이에 들어가는 주먹의 개수를 사용한다. 이때는 세일이 오버랩 되는 경우이다.

리깅 스크류까지 또는 슈라우드까지의 거리도 사용할 수 있다. 스프레더에 2인치(5 cm) 간격으로 테이프나 페인트 마킹을 하는 것이 오버랩 하지 않는 세일의 시트 텐션을 판단하는데 더 쉽다.

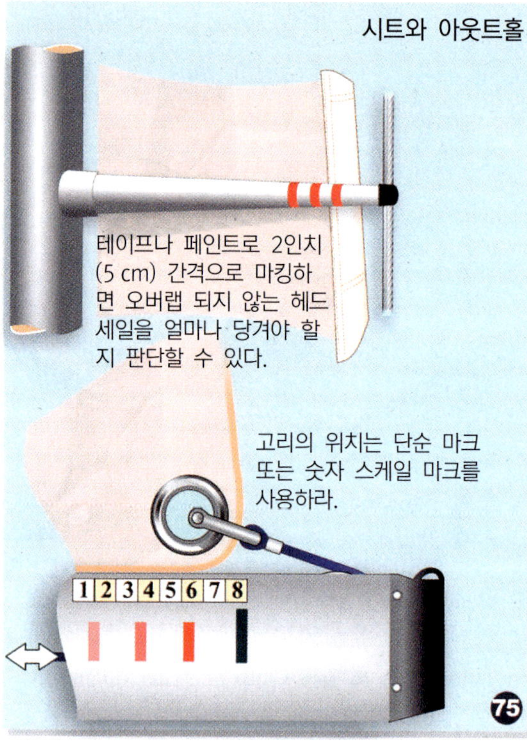

아웃홀 마킹

아웃홀 마킹은 그림 75처럼 할 수 있다. 크루징 요트인들은 최대 아웃홀 텐션만 마킹하는 경우가 많은데 더 상세한 마킹을 해두는 것이 좋겠다.

백스테이 텐션 마킹

이 마킹은 중요하다. 마스트헤드 리그의 경우, 백스테이를 이용해서 포스테이 텐션을 바로 조절할 수 있다. 마스트헤드 리그의 최대 백스테이 탠션에 대한 것은 24~25페이지와 104~105페이지를 참고 하라.

주의

프랙셔널 리그는 리그를 어떻게 셋업 하느냐에 따라 조금 더 복잡하다.

크루징 요트인들은 선미방향으로 비스듬하게 향하는 스프레더가 달린 프렉셔널 리그를 많이 사용한다. 런너(Runner)가 필요 없는 단순한 리그이기 때문이다. 캡 슈라우드 텐션에 의해 포스테이 텐션이 고정되어 있으며, 백스테이 텐션에 영향을 받지 않는다. 백스테이 텐션은 주로 메인을 편평하게 하려고 마스트를 굽히는데 사용하는 것이지만, 어느 정도로는 마스트헤드 리그처럼 작동이 된다. 포스테이 텐션에 대한 자세한 내용은 113~116페이지를 참고하라.

백스테이 텐션의 판단 척도로 리깅 스크류나 백스테이 텐셔너에 테이프를 붙이는 방법을 사용할 수 있다. 그림 76에 여러 백스테이 텐셔너에 대한 예가 있다.

텐션 메터(Tension-meter)가 스테이에 붙어 있는 제품도 있다.

보트의 튜닝 세팅을 마킹해 두면 일하기에 편하다. 어떤 바람과 해상 상태에 대해서 했던 세팅을 빨리 다시 할 수 있다. 그리고 이를 시작으로 좀 더 세밀한 튜닝도 할 수 있다.

이는 악조건 하에 있거나 크루가 바뀌거나 또는 야간 세일링을 할 때 특히 요긴하다.

각 세일에 대해 마킹하는 것도 중요하다. 지워지지 않는 잉크를 사용하라. 택, 클루와 헤드 그리고 리핑 고리에도 마킹하여 위기 상황에서의 오판을 피하라.

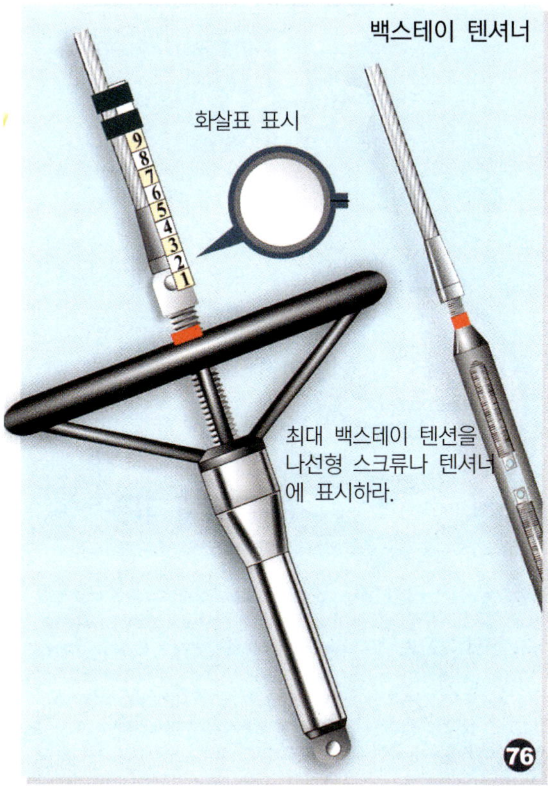

76

세일 천

방직으로 짠 천은 대각선 방향으로 힘이 가해 졌을 때 가장 잘 늘어나고, 힘 방향에 수직방향으로 줄어든다.

세일 천은 여러 가지 실을 사용하여 짜서 만들지만, 힘이 전달되는 방향으로 실을 넣어 보강한 필름 라미네이트도 있다. 77

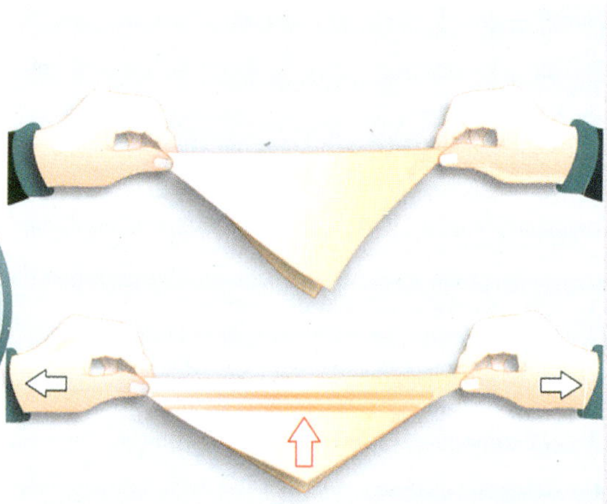

손수건의 천은 대각선 방향으로 힘을 받고 있고 힘 방향에 수직방향으로 줄어들고 있다. 보통 접히는 부분은 힘이 가장 많이 작용하는 곳에서 나타난다. 78

테릴린(다크론)은 가장 보편적인 세일천이지만, **마일라**(Mylar) 같은 필름과 **케블라**(Kevlar) 같은 섬유가 더 보편적으로 늘어나고 있다. 구시대의 면직물 섬유도 아직 사용되고 있다. 힘이 가해지는 방향에 따라 다르게 늘어난다. 보통 대각선으로 힘이 가해지는 짠 천이 가장 많이 늘어난다.

세일은 힘에 잘 대응하기 위해 여러 가지의 판넬로 만들어 신나. 짠 천에 대각선 방향의 힘이 가해지면, 힘 방향에 수직방향으로는 줄어든다. 예를 들면 햍야드를 당겼을 때 세일을 러프를 따라 길이 방향으로 줄어든다. 그래서 드래프트가 앞으로 이동한다. 요즘의 세일은 이에 대해 점점 더 안정적으로 되고 있다.

제노아 핼야드가 너무 타이트할 때

79

제노아 핼야드를 당기면 드래프트가 앞으로 이동한다. 이렇게 하면 세일에 보다 둥근 엔트리가 생겨, 포인팅 능력은 다소 잃더라도, 보트의 올바른 조종이 더 쉬워 진다(72, 75~76 페이지). 핼야드를 너무 당기면, 러프를 따라 긴 주름이 생긴다. 주의: 요즘 세일에서 핼야드에 텐션을 가할 때 주의하라. 세일메이커의 가이드를 따르라.

제노아 핼야드가 너무 느슨할 때

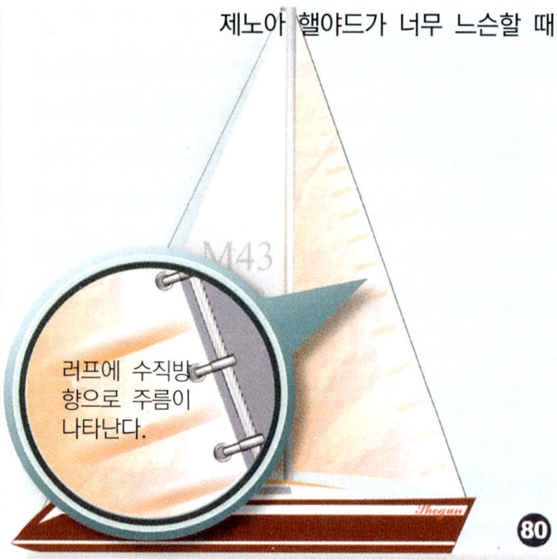

80

제노아 헬야드를 느슨하게 하면 엔트리가 좁아지고 더 높게 포인팅을 할 수 있다. 하지만 올바른 조종하기가 더 힘들어진다. 너무 느슨하게 하면, 러프의 수직 방향으로 주름이 나타난다. 수면이 거칠고 바람이 매우 약할 때만 바람직하다.

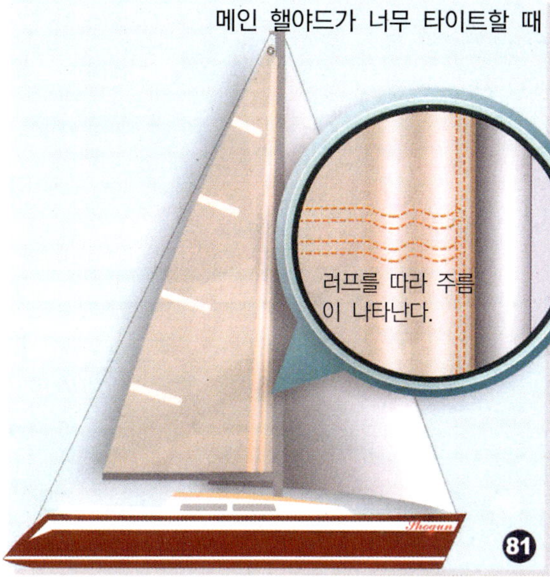

메인 핼야드(또는 커닝험)을 당겨 드래프트를 앞으로 옮기고 나아가 동시에 메인의 뒷부분을 편평하게 한다. 경사와 웨더 헬름을 줄여야 하는 강풍에서 이렇게 하라. 핼야드(또는 커닝험)를 너무 당기면, 메인 러프를 따라 긴 주름이 생길 것이다.

약풍과 중풍에서는 메인의 앞부분에 주름이 막 없어져서 매끈하게 될 때 까지만 핼야드를 당겨야 한다. 매우 약한 바람에서는 러프를 따라 작은 수평방향 주름이 생길 때 까지 핼야드(또는 커닝험)를 놓아야 한다. 드래프트가 뒤로 이동할 것이다. 너무 놓아주면 큰 주름이 생길 것이다.

강풍에서 메인의 위쪽 반을 편평하게 하기 위해 마스트를 굽히게 된다. 마스트헤드 리그 보트에서는 마스트를 지정 각도까지 굽히는 게 어렵다. 마스트를 너무 굽히면, 붐 끝에서 러프까지 방사형의 주름이 생긴다. 사실, 마스트를 너무 굽히면 세일이 뒤집혀 질수 있다.

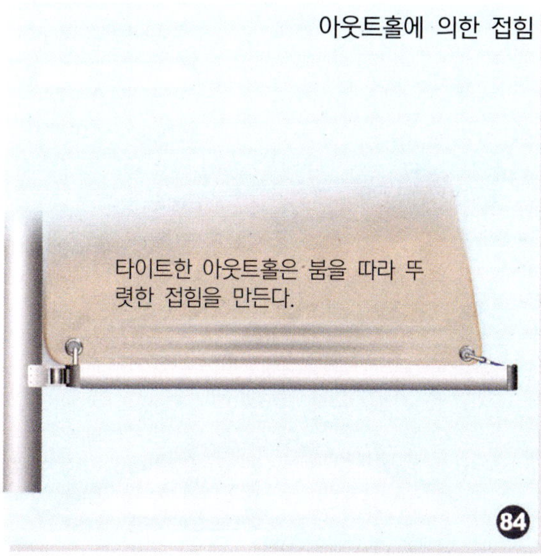

아웃트홀을 당기면 메인의 아랫부분이 펴진다. 바람이 세어져 추진력과 경사력을 줄여야 할 때 이렇게 해야 한다. 아웃트홀을 타이트하게 하면 붐을 따라 주름이 생길 것이다. 이것은 자연스러운 것이고 세일의 효율을 떨어뜨리지 않을 것이다.

(비팅에서) 트림의 예

주의: 모든 숫자는 여러 상황에서 세일을 어떻게 트림해야 하는지에 대한 아이디어 차원에서의 예이다. 물론 당신 세일의 깊이를 백분율(Percentage)로 알 필요는 없다!

미풍에서 필요한 것은 오로지 추진력으로 보트 속력이 커지고 따라서 어패런트 윈드 속력도 커진다. 여기서 높게 포인팅하는 것은 중요하지 않다. 그래서 둥근 엔트리에 풍만한 세일이 되어야 하고 트위스트를 많이 줘서 위쪽의 스톨/실속을 피해야 한다. 또한 평소보다 낮게 포인팅 해야 한다.

세일이 스프레더로부터 충분히 떨어지도록 제노아 시트를 풀어준다(최소 주먹 두 개 정도). 백스테이와 러너는 포스테이 처짐이 커지도록 놓아주어 제노아 깊이와 엔트리의 둥근 정도를 크게 한다. 제노아 핼야드는 드래프트가 약 40% 정도에 갈 정도로만 당겨준다.

마스트를 펴고 아웃트홀을 놓아 메인의 깊이를 증가시킨다. 붐이 중심선에 올 때까지 트래블러를 당겨 풍상 쪽에 둔다. 풍하 쪽으로 무게(크루)를 옮겨 경사를 증가시킨다. 그러면 세일의 자체 무게로 인해 올바른 세일 형상이 만들어 질 것이다. 배를 살짝 기울이고 선수를 살짝 내려가도록 트림을 하면 보통 배의 저항이 줄어든다.

배가 속력을 얻을 때까지 시간을 주어라. 각각에 대해 필요 없는 변동을 주면 흐름에 이른 박리가 일어날 확률이 높아져 세일을 스톨/실속하게 한다.

89

매우 약한 바람(약풍, 미풍)

"숨쉬는" 둥글고 풍만한 세일

1-3 m/s

잔잔한 수면

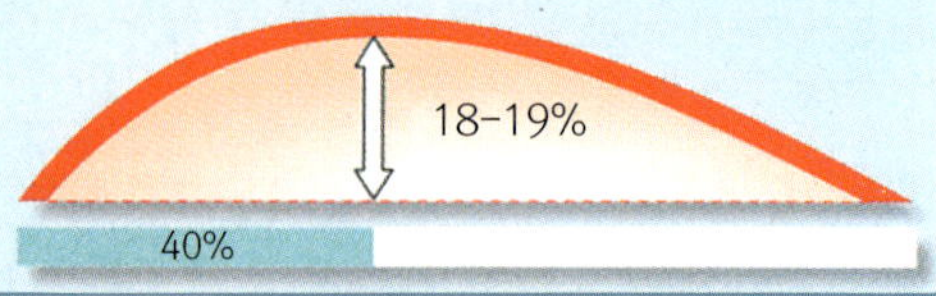

포스테이:	헐겁게. 처짐이 많을수록 세일의 깊이가 커진다.
핼야드:	헐겁게(작은 주름). 드래프트 위치는 약 40%.
시트:	상대적으로 헐겁게(세일과 스프레더 사이는 약 두 주먹).

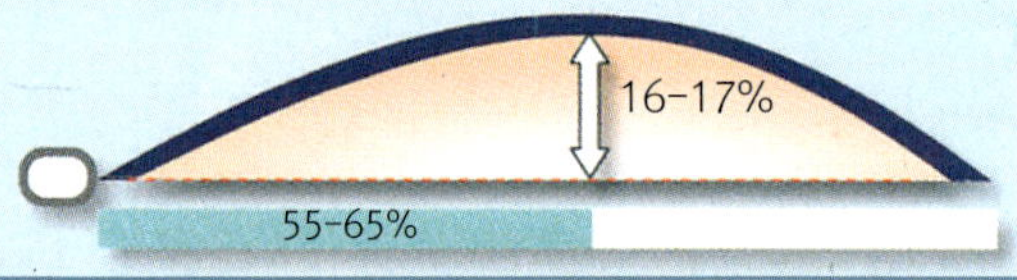

백스테이:	완전히 헐겁게. 편평한 마스트로 세일 상반에 깊이를 늘림.
핼야드:	헐겁게(작은 주름). 드래프트 위치는 55-65%.
아웃트홀:	헐겁게.
트래블러:	풍상 쪽으로. 붐을 중심선으로.
시트:	중간 정도로 헐겁게(많은 트위스트).

주의: 많은 변동이나 러더를 사용하지 않고, 배가 스스로 페이스를 찾도록 한다.

90

약한 바람(약풍)

좁은 엔트리와 상대적으로 풍만한 세일로 잔잔한 수면에서 좋은 포인팅 능력과 보트 속력을 얻는다.

3-4 m/s

잔잔한 수면

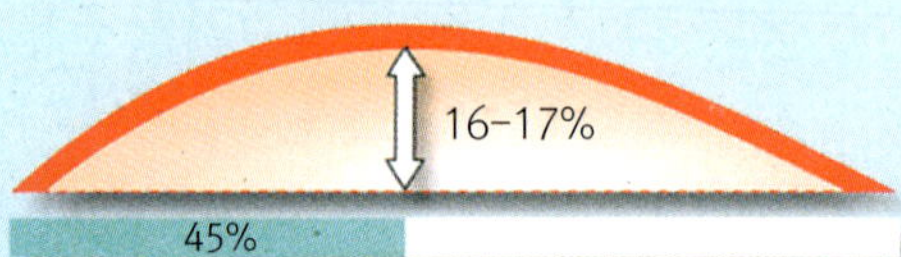

포스테이:	좁은 엔트리와 상대적으로 풍만한 세일이 되도록 40-50% 타이트하게.
핼야드:	상대적으로 헐겁게. 드래프트 위치가 45%가 될 정도로만 타이트하게
시트:	세일이 스프레더 팁을 건드릴 때까지만 타이트하게

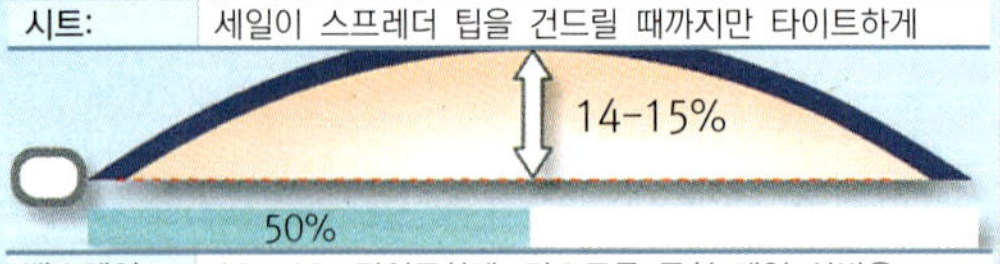

백스테이:	40-50% 타이트하게. 마스트를 굽혀 메인 상반을 편평하게.
핼야드:	드래프트 위치가 50%정도가 되도록 타이트하게.
아웃트홀:	메인 아랫부분이 중간 깊이가 되도록 50% 타이트하게.
트래블러:	필요하다면, 적절한 웨더헬름이 되도록 약간 풍상 쪽으로
시트:	탑 텔테일이 풍하 쪽으로 막 말리기 시작할 때까지 타이트하게

91

약한 바람(약풍)

거친 수면에서는 더 큰 추진력과 쉬운 조종을 위한 넓은 그루브가 필요하다 - 이는 잔잔한 수면 때 보다 살짝 더 많은 깊이와 더 둥근 엔트리가 필요하다.

3-4 m/s

거친 수면

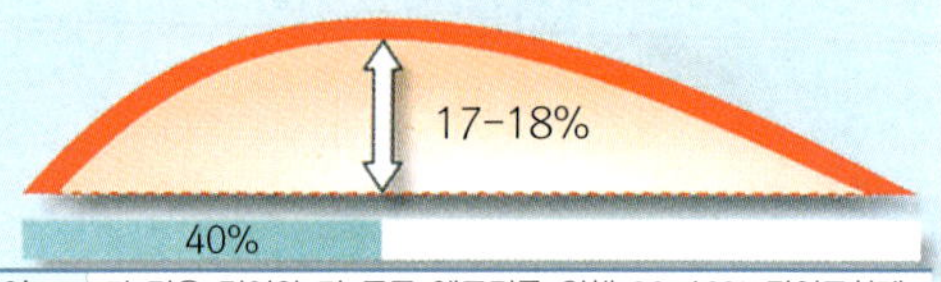

포스테이:	더 많은 깊이와 더 둥근 엔트리를 위해 30-40% 타이트하게.
핼야드:	드래프트 위치가 약 40%가 될 때까지 타이트하게.
시트:	상대적으로 헐겁게(세일이 스프레더 팁으로부터 한 주먹 정도 떨어지게)

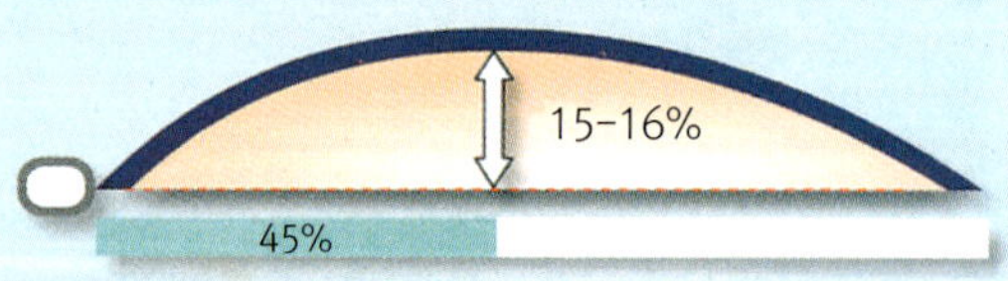

백스테이:	40-50% 타이트하게. 마스트를 더 굽혀 세일 상반이 더 편평하게.
핼야드:	드래프트 위치가 약 45%가 될 때까지 타이트하게.
아웃트홀:	메인 아랫부분이 더 깊어지도록 40% 타이트하게.
트래블러:	살짝 풍하 쪽으로.
시트:	모든 텔테일이 뒤로 흐를 때 까지 살짝 시트를 놓음.

92

중간 바람(중풍)

6-10 m/s

잔잔한 수면

좁은 엔트리의 상대적으로 편평한 세일로 잔잔한 수면에서의 속력과 포인팅 능력을 크게 한다.

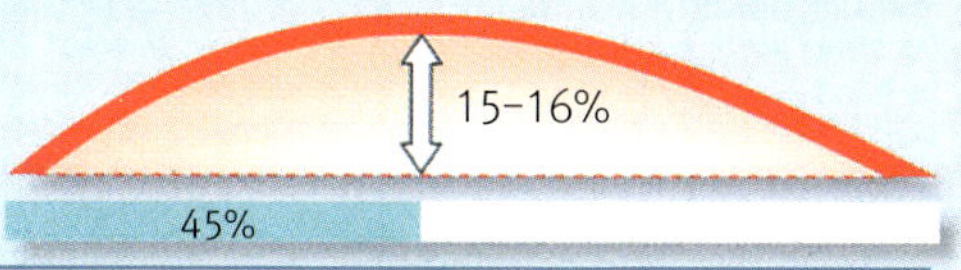

포스테이:	좁은 엔트리 상대적으로 편평하도록 90% 가량 타이트하게
핼야드:	타이트하게, 드래프트 위치는 약 45%.
시트:	세일이 스프레더 팁에 거의 닿을 때까지 타이트하게.

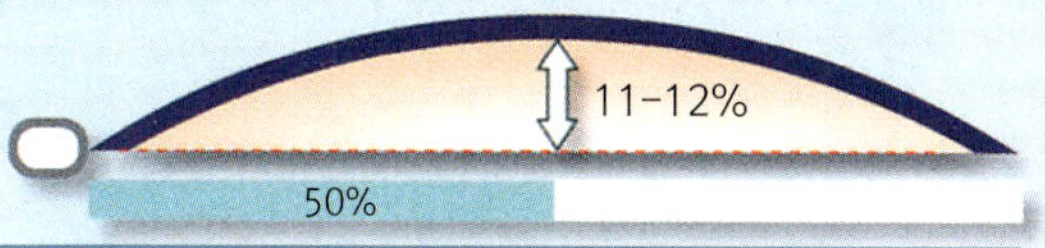

백스테이:	약 90%, 마스트를 굽힐수록 세일 상반이 더 편평함.
핼야드:	타이트하게. 드래프트 위치는 약 50%.
아웃트홀:	80-90% 타이트하게 하여 세일의 아래쪽을 편평하게.
트래블러:	중심선에(과도한 웨더 헬름일 때는 약간 풍하로).
시트:	타이트하게. 모든 텔테일이 뒤로 흐를 때 까지 조정.

93

중간 바람(중풍)

6-10 m/s

거친 수면

거친 수면에서는 더 많은 추진력과 쉬운 조종을 위한 넓은 그루브가 필요하다. 잔잔한 수면 때보다 세일이 더 깊고 더 둥근 엔트리여야 한다.

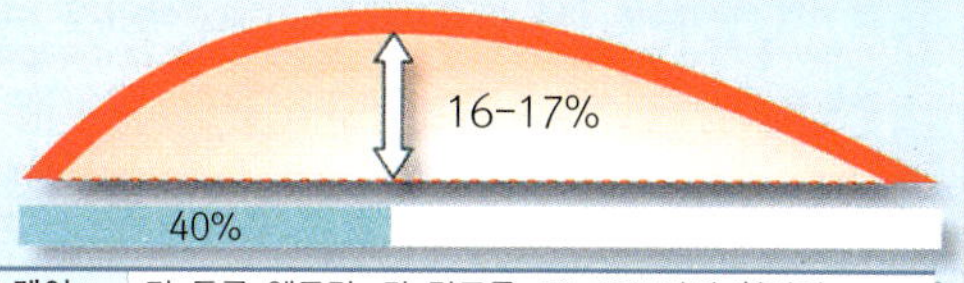

포스테이:	더 둥근 엔트리, 더 깊도록 70-80%까지 헐겁게.
핼야드:	상대적으로 타이트하게, 드래프트 위치는 약 40%.
시트:	세일이 팁으로부터 1-2 주먹, 더 깊고 많은 추진력.

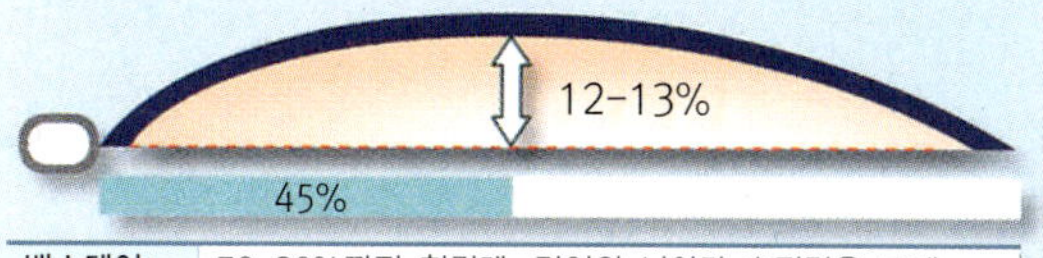

백스테이:	70-80%까지 헐겁게, 깊이와 나아가 추진력을 크게.
핼야드:	드래프트 위치가 45%가 될 때까지 타이트하게.
아웃트홀:	70-80%까지 헐겁게, 메인 아랫부분의 깊이를 크게.
트래블러:	풍하 쪽으로 이동(붐이 중심선과 5-10°)
시트:	타이트하게, 모든 텔테일이 뒤로 흐를 때까지 조정.

94

강한 바람(강풍)

10 m/s 이상

거친 수면

좁은 엔트리의 편평한 세일로 충분한 추진력과 작은 경사력이 되도록.

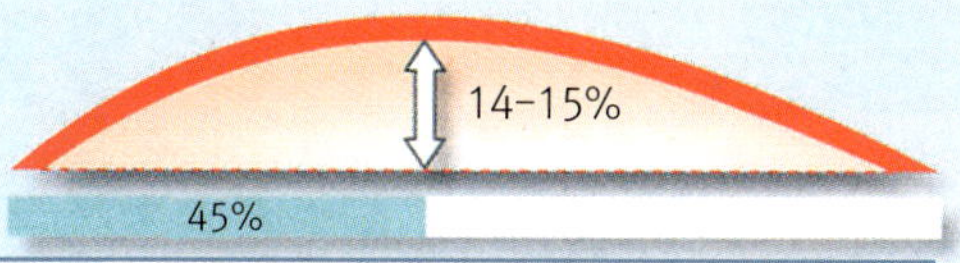

포스테이:	제노아를 최대한 편평하게 100% 타이트. 좁은 엔트리 유지
핼야드:	타이트하게. 드래프트 위치는 약 45%가 되도록.
시트:	상대적으로 헐겁게(스프레더 팁으로부터 2-3 주먹).

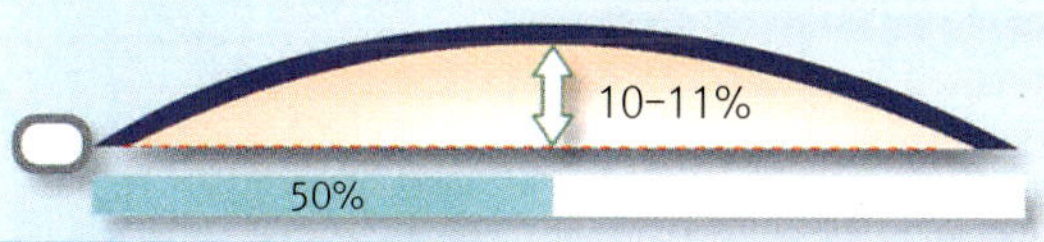

백스테이:	100% 타이트하게. 마스트 벤딩 최대로 해서 메인의 상반을 최대한 편평하게.
핼야드:	타이트하게. 드래프트 위치는 약 50%로.
아웃트홀:	100% 타이트 하게. 메인의 아랫부분을 최대한 편평하게.
트래블러:	메인에 백윈드가 올 때까지 풍하 쪽으로(웨더 헬름을 줄이고)
시트:	모든 텔테일이 뒤로 흐를 때까지 조정.

95

강한 바람(강풍)

10 m/s 이상

거친 수면

바람이 20노트(10 m/s)이상이 되면 수면은 항상 꽤 거칠다. 포스 6(Strong breeze)에 "들어서기" 직전이고 과도한 웨더 헬름 때문에 힘들 것이다. 그래서 세일을 편평하게 하고 트래블러를 풍하 쪽으로 충분히 옮겨야 한다. 이렇게 해도 도움이 되지 않으면, 배가 다시 균형을 잡을 수 있도록 작은 헤드세일로 바꾸거나 메인을 리핑해야 한다. 여전히 도움이 되지 않으면, 또는 어떤 이유로 세일을 그대로 유지하고 싶으면, 보트 경사와의 관계를 생각해서 조종해야 한다:

첫 번째로, 평상시 보다 높게 포인팅한다. 그러면 배가 덜 경사하고, 풍상 쪽 텔테일들이 펄럭거리면서 약간 러프할 것이다. 문제가 되지 않는 것이, 이런 상황에서는 넘치는 추진력이 나오기 때문이다. 배가 너무 서있고 속력을 잃어버린다는 생각이 들면 속력이 다시 늘어 날 때까지 베어 어웨이하고 다시 경사를 줄이기 위해 바람 속으로 들어간다. 바람직한 경사각, 보통 20-25° 에 대해 조종하는 것을 연습하라. 이는 경기 요트인들이 리핑할 수 없을 때 또는 하지 않을 때 자주 사용하는 기법이다. 리핑을 피하는 다른 기법은 트래블러를 풍상 쪽으로 옮기고 메인시트를 더 놓아주는 것이다. 그러면 메인의 탑에 더 많은 트위스트가 생기고 추진력과 경사력 모두가 줄어든다. 헤드세일의 리드를 보통 때 보다 훨씬 뒤에 둬서 세일의 트위스트를 크게 하면 같은 효과가 있다.

주의: 강풍이 지속될 것으로 생각되면, 세일의 면적을 줄이는 것이 항상 낫다. 기억할 것은 보트 속력은 최적 면적보다 작은 면적에서 거의 높다는 것이다. 그러나 최적보다 많은 세일 면적에서는 많이 낮아진다.

96

메인 리핑

필요한 모든 조정을 했는데도 경사각이 25°이상이거나 웨더 헬름이 8°이상이면, 세일 면적을 줄여야 한다.

리핑할 때, 항상 "균형"을 생각해야 한다. 메인을 리핑하기 전 작은 헤드세일로 바꾸는 것이 보통이다. 그러나 마스트헤드 리그 보트에서는 작은 헤드세일로 바꾸기 전에 메인을 리핑하는 것이 나을 수 있다. 그러면 파도를 뚫고 나갈 수 있도록 하는, 헤드세일의 보다 효율적인 추진력을 유지할 수 있다.

슬랩 리핑(Slab reefing)은 요즘 요트에서 가장 많이 사용하는 리핑 방식이다. 어떤 보트는 메인을 붐에서 말아 리핑한다. 이 방식은 세일의 형상이 상당히 헐렁하게 된다. **인-마스트**(In-mast) 또는 **인-붐**(In-boom) 펄링 방식은(점점 더 많이 사용하고 있다.) 세일 형상을 적절하게 유지하면서도 세일을 리핑할 수 있다.

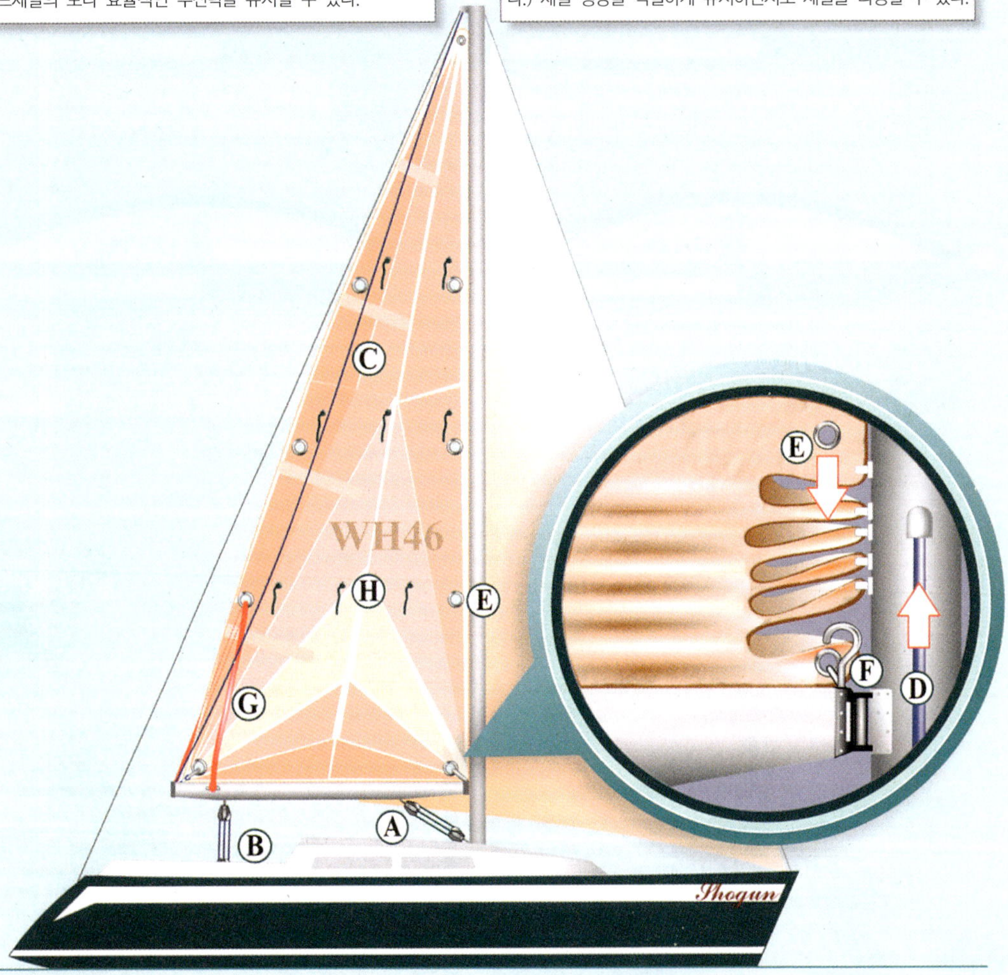

1	키커(뱅)(A)과 시트(B)를 놓고 붐이 제자리에 있도록 토핑 리프트(C)를 당겨라.
2	축범부(Reef) 고리(E)가 마스트 훅(F)에 걸릴 때 까지 핼야드(D)를 놓아라.
3	핼야드를 다시 당긴다. 바람이 상당히 강하기 때문에 핼야드가 제법 타이트 할 것이다.
4	뒤쪽 축범부(Reef) 고리가 붐에 거의 내려 올 때 까지 리핑 라인(G)를 당긴다. 리치부분이 찢어지지 않게 붐이 자유롭게 들리는 지 확인하라(시트와 키커를 풀어주어야 한다).
5	토핑 리프트를 놓아준다(만약 이걸 잊으면, 세일에 너무 많은 트위스트가 생길 것이다).
6	키커(뱅)와 시트를 당긴다. 이제 줄어든 세일 면적으로 달릴 수 있다.
7	리핑 랜야드(Lanyard)(H)로 세일을 붐에 묶는다.

문제점

문제점은... 그 원인은...

가능한 해결책

할 수 있는 것은...

비팅

웨더 헬름이 너무 많다.

보트의 코스를 유지하는데 러더 각도가 8° 이상이 필요하다. 헬름에서 배가 너무 무겁다.

- 세일이 너무 풍만하다.
- 메인의 리치가 닫혔다.
- 메인의 시트를 너무 당겼다.
- 메인에 비해 헤드세일이 너무 작다.
- 세일 면적이 너무 크다(과도한 경사).
- 마스트 레이크가 너무 크다/마스트가 너무 뒤로 갔다.

- 백스테이와 아웃트홀을 당겨 메인(과 제노아)를 편평하게 한다.*
- 메인시트를 놓아서 트위스트를 크게 한다.
- 트래블러를 풍하 쪽으로 더 옮긴다.
- 더 큰 헤드세일로 바꾸거나 메인을 리핑한다.
- 더 작은 헤드세일로 바꾸거나 메인을 리핑한다.
- 레이크를 줄이거나 가능하다면, 마스트를 통째로 앞으로 옮긴다(102~103페이지 참고).

리 헬름이 너무 많다.

보트가 항상 베어 어웨이 하고 코스를 유지하려면 바람으로 집어넣는 조종을 해야 한다.

- 세일이 너무 편평하다.
- 메인의 리치가 너무 열렸다.
- 메인의 시트를 너무 놓았다.
- 헤드세일에 비해 메인이 너무 작다.
- 마스트 레이크가 너무 작다/마스트가 너무 앞으로 갔다.

- 백스테이와 아웃트홀을 놓아서 메인(과 제노아)의 깊이를 늘린다.
- 백스테이를 놓고 메인시트를 당겨서 트위스트를 줄인다.
- 같은 트위스트를 유지하도록 시트를 당기거나 트래블러를 풍상 쪽으로 옮긴다.
- 작은 헤드세일로 바꾸거나 메인을 리핑한다.
- 마스트 전체를 뒤로 옮긴다. 그리고/또는 마스트 레이크를 크게 한다(102~103페이지 참고).

포인팅 능력이 나쁘다.

같은 타입의 다른 배처럼 높게 포인팅을 할 수 없을 때

- 포스테이가 너무 느슨하다
  - 제노아의 엔트리가 너무 둥글다.
- 제노아 시트가 너무 밖으로 나갔다.
- 메인의 리치가 너무 열렸다(트위스트가 너무 많다).
- 메인 시트가 너무 밖으로 나갔다.
- 메인 세일이 너무 풍만하다.
- 마스트 레이크가 너무 작다.

- 백스테이를 당긴다. 프랙셔널 리그: 캡 슈라우드/런너를 당긴다. 잔잔한 수면: 드래프트를 더 뒤로 옮기도록 제노아 핼야드를 놓는다.
- 시트를 당겨 안으로 넣는다. 바버 홀러로 제노아 리드를 안으로 옮긴다.
- 메인시트를 당겨 안으로 넣는다(약한 바람: 리치 코드를 살짝 당긴다).
- 시트를 안으로 당기거나 트래블러를 풍상으로 옮겨 트위스트를 유지한다.
- 백스테이와 아웃트홀을 당겨 세일을 편평하게 한다.
- 마스트 레이크를 크게 한다(102~103페이지 참고).

보트 속력이 나쁘다.

높게 올라가고 있으며 웨더 헬름도 정상이지만 다른 보트에 비해 속력이 나쁘다.

- 제노아가 너무 편평하고 너무 좁은 엔트리다.
- 메인이 너무 편평하다.
- 메인 시트를 너무 당겼다.

- 시트와 백스테이를 놓아 준다. 핼야드를 놓아서 드래프트를 더 뒤로 옮긴다.*
- 백스테이와 아웃트홀을 놓아 세일의 깊이를 크게 한다.
- 메인에 살짝 러프가 올 때까지 트래블러를 풍하로 이동시킨다.

리칭/런닝

웨더 헬름이 너무 많다.

증상	원인	대책
웨더 헬름이 극단적으로 무겁다. 제어가 힘들다.	• 제노아 시트를 너무 당겼다. • 메인 시트가 너무 안쪽에 있다. • 메인의 트위스트가 너무 작다.	• 제노아에서 메인으로 백윈드가 들어가며 시트를 너무 당겼다. • 시트를 놓는다(바버 홀러로 제노아 리드를 바깥으로 옮긴다). • 시트를 놓거나 트래블러를 풍하로 옮겨 트위스트를 유지한다. • 키커(뱅)와 또는 메인시트를 놓아 트위스트를 크게 한다.

보트 속력이 나쁘다.

증상	원인	대책
다른 보트에 비해 속력이 안 나온다.	• 메인의 트위스트가 올바르지 않다. • 메인이 너무 편평하다.	• 키커(뱅)을 조정하여 트위스트를 고친다. • 백스테이(런너), 아웃트홀을 놓아서 깊이를 크게 한다.

제노아가 가득 차지 않는다.

증상	원인	대책
선미에서 바람이 올 때, 메인이 제노이가 기득 차는 것을 어렵게 하고 있다.	• 불가능한 시트 포인트를 고쳐라. • 메인이 제노아를 덮고 있다.	• 보다 효율적인 시팅 포인트를 얻기 위해 폴을 사용한다. • 폴을 사용하여 제노아를 풍상 쪽으로 펼친다. 필요하면 베어 어웨이.

* 프랙셔널 리그 보트는 런너나 캡 슈라우드 텐션을 이용하여 포스테이의 텐션(제노아 깊이와 엔트리)을 조정한다.

요약

세일 트림을 어떻게 시작할 것인가?

간단한 방법으로 어패런트 윈드 방향에 대한 메인 시팅에서 시작한다(풍상 범주를 할 때는 리칭이나 러닝보다 메인을 당겨 중심선에 훨씬 가까이에 두게 된다).

제노아에도 같은 것을 한다. 이제 20~23페이지에 있는 것처럼 텔테일을 이용하여 세일의 트위스트(리드 위치)와 시팅 각도를 조정하고 확인한다. 그리고 24~25페이지처럼 깊이와 드래프트 위치를 조정한다.

배의 균형을 확인하라. 너무 많은 웨더 헬름이 걸리는가? 이런 경우가 문제가 될 것이다. 우선 세일을 조정해서 보트의 균형을 맞추어 보라(32~33, 44~45페이지). 메인의 리치를 특히 주의해야 한다.

그래도 웨더 헬름이 많이 걸리는가? 그러면 너무 많은 세일을 올렸을 수 있다(올바른 리그 튜닝은 되었다고 본다). 만약 그렇다면, 헤드세일을 바꾸던지 리핑하라.

제노아로 다시 돌아가서 절차를 다시 시작하라. 최적의 세일 세팅이 될 때까지 반복하라.

크루징 요트인들은 꽤 올바른 트림 정도로 만족할 수 있겠지만, 세일에서부터 최대한으로 뽑아내는 방법을 알고 있으면 도움이 될 것이다.

흔한 실수 중 하나가 너무 많은 웨더 헬름으로 달리는 것이다. 이건 마치 "핸드 브레이크"를 달고 다니는 것과 같고, 특히 바람이 세어질 때, 보트를 조종하기도 힘들다. 살짝 웨더 헬름을 주는 것이 바람직하다(러더 각도가 3°가 이상적이다).

트림의 목적은 추진력을 높이고, 경사력을 줄이며, 동시에 리그와 선체(특히, 물속의 선체)에 작용하는 모든 힘의 균형을 잡는 것이다.

제노아는 최대 추진력이 나오도록 트림하고 메인은 헤드세일에 맞추어 조정하되 세일 간에 최적의 상호작용이 일어나도록 해야 한다. 헤드세일과 메인은 헤드세일의 러프부터 메인의 리치까지 하나의 큰 날개로 생각할 수 있다. 일반적으로 이야기하면 **헤드세일의 엔트리**와 **메인세일의 리치**를 트림하는 것이다.

제노아 트림

세일 러프 주위의 엔트리에 우선 집중하라. 텔테일들을 사용하여 제노아가 아래와 같이 되었는지 확인하라:

- 올바른 시팅 각도
- 올바른 리드 위치
- 올바른 트위스트

세일 깊이와 드래프트 위치는 핼야드 텐션 그리고 어느 정도 까지는 시트 텐션과 더불어 우선적으로 조정해야 한다.

메인 트림

- 마스트 가까운 곳에서 백윈드가 막 들어오기 시작할 때까지 시트를 놓아준다. 그러면 스롯이 가장 효율적이다.
- 탑 배턴이 붐과 평행이 될 때까지 시트와 트래블러로 트위스트를 확인하고 조정한다.
- 아웃트홀과 마스트 벤딩으로 세일 깊이를 확인하고 조정한다.
- 핼야드와 커닝험으로 드래프트 위치를 확인하고 조정한다.

엔트리가 매우 중요한 제노아와는 대조적으로 이제는 **리치**에 집중할 때다.

닫힌 리치(타이트한 리치)는 아래를 유발한다:

- 큰 경사력
- 큰 웨더 헬름
- 나은 포인팅 능력, 하지만 낮은 보트 속력

열린 리치(헐거운 리치)는 아래를 유발한다:

- 작은 경사력
- 작은 웨더 헬름
- 높은 보트 속력, 하지만 낮은 포인팅 능력

보트의 균형이 리치가 열렸는지 닫혔는지 알려줄 것이다. 너무 많은 웨더 헬름이 생기면, 세일을 더 편평하게 하고 드래프트를 앞으로 옮기거나 아니면 트위스트를 크게 해야 한다. 리치의 텔테일들이 시간상 50% 이상 뒤로 흐르게 하라. 리치에 텔테일이 없으면 붐에 평행한 탑 배턴이 올바른 트위스트의 좋은 지시자가 될 것이다. 앞서 얘기 했듯이 약간의 웨더 헬름이 바람직하다.

트위스트가 너무 작은 것보다는 너무 많은 것이 오히려 나은 경우가 많다는 점에 주의하라. 그래서 약한 바람과 중간 바람에서는 트래블러를 항상 풍상으로 옮긴다 - 다수의 크루징 요트인들은 보트의 중심선에 두는 것을 선호하지만.

바람이 강해지면 트래블러를 풍하로 옮겨야 한다. 하나의 예외는 강한 바람에서 리핑을 할 수 없거나 하기 싫을 때이다. 그럴 경우 트래블러를 풍상으로 당기고 시트를 더 놓아 주는 방법도 있다. 그러면 메인에 보통 때보다 더 많은 트위스트가 생기고 경사력을 줄일 수 있다.

이제 세일을 어떻게 트림해야 하는지에 대한 여러 최선책들을 알게 되었다. 그러나 여러 변수들이 세일과 배의 성능에 영향을 끼치기 때문에 자주 조정을 해서 절충해야 한다.

당신만의 경험(그리고 같은 배를 가지고 있는 다른 사람들)이 당신 배에 대한 최선의 트림을 알려 줄 것이다. 그러므로 세팅을 마킹하고 기록하며 그 효과를 비교하는 것이 중요하다. 이런 방식을 통해 무엇이 보트의 균형을 잘 잡게 하고 배를 더 빨리 가게 하는지 더 쉽게 찾아 낼 수 있을 것이다.

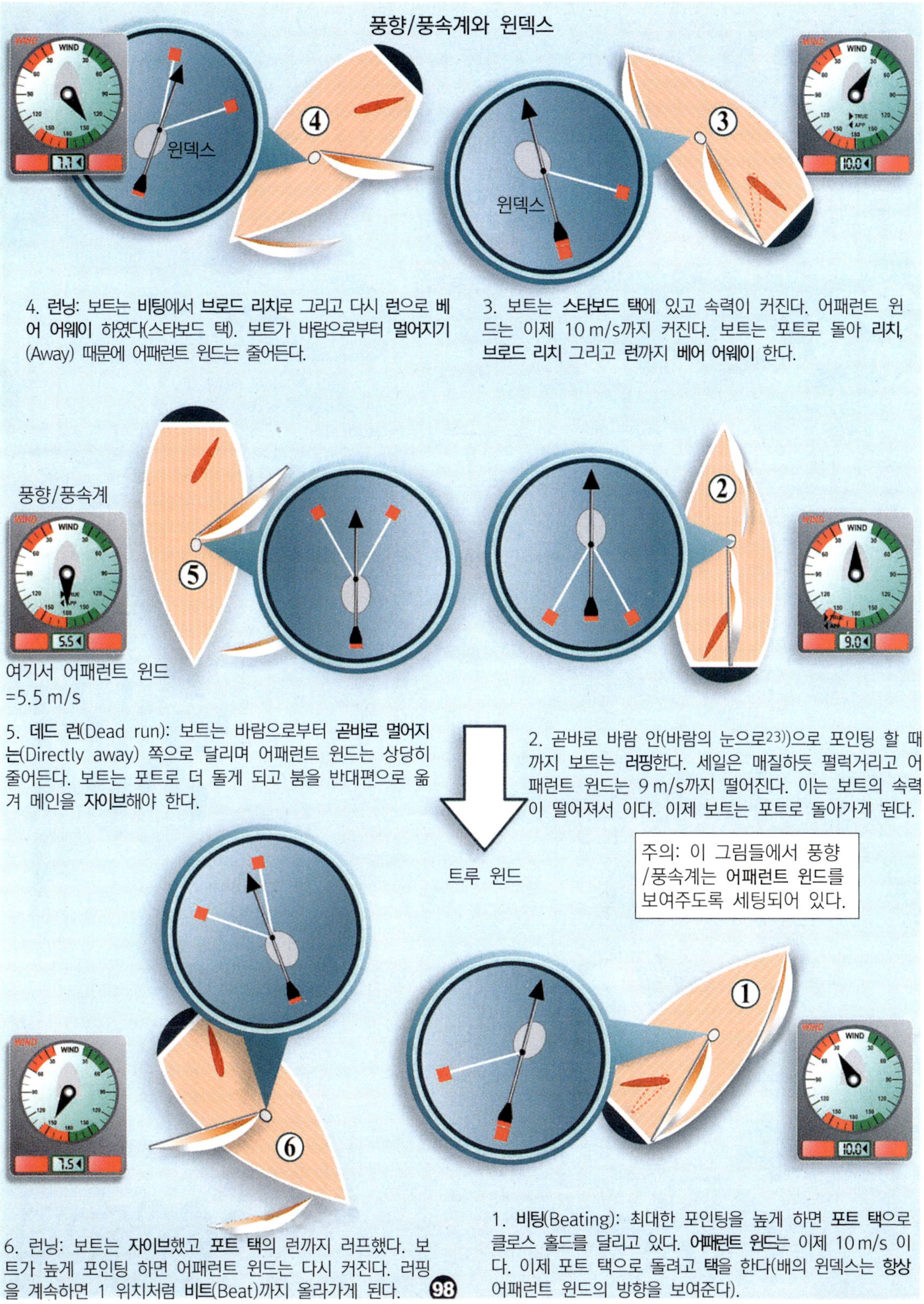

1. **비팅**(Beating): 최대한 포인팅을 높게 하면 **포트 택**으로 클로스 홀드를 달리고 있다. **어패런트 윈드**는 이제 10 m/s 이다. 이제 포트 택으로 돌려고 **택**을 한다(배의 윈덱스는 **항상** 어패런트 윈드의 방향을 보여준다).

2. 곧바로 바람 안(바람의 눈으로[23]))으로 포인팅 할 때까지 보트는 **러핑**한다. 세일은 매질하듯 펄럭거리고 어패런트 윈드는 9 m/s까지 떨어진다. 이는 보트의 속력이 떨어져서 이다. 이제 보트는 포트로 돌아가게 된다.

3. 보트는 **스타보드 택**에 있고 속력이 커진다. 어패런트 윈드는 이제 10 m/s까지 커진다. 보트는 포트로 돌아 **리치, 브로드 리치** 그리고 **런**까지 **베어 어웨이** 한다.

4. **런닝**: 보트는 **비팅**에서 **브로드 리치**로 그리고 다시 **런**으로 **베어 어웨이** 하였다(스타보드 택). 보트가 바람으로부터 **멀어지기**(Away) 때문에 어패런트 윈드는 줄어든다.

5. **데드 런**(Dead run): 보트는 바람으로부터 **곧바로 멀어지는**(Directly away) 쪽으로 달리며 어패런트 윈드는 상당히 줄어든다. 보트는 포트로 더 돌게 되고 붐을 반대편으로 옮겨 메인을 **자이브**해야 한다.

6. 런닝: 보트는 **자이브**했고 **포트 택**의 런까지 러프했다. 보트가 높게 포인팅 하면 어패런트 윈드는 다시 커진다. 러핑을 계속하면 1 위치처럼 **비트**(Beat)까지 올라가게 된다.

23) 규칙서(RRS, Racing Rules of Sailing)에는 풍위(Head to wind)라고 한다.

세일의 세팅

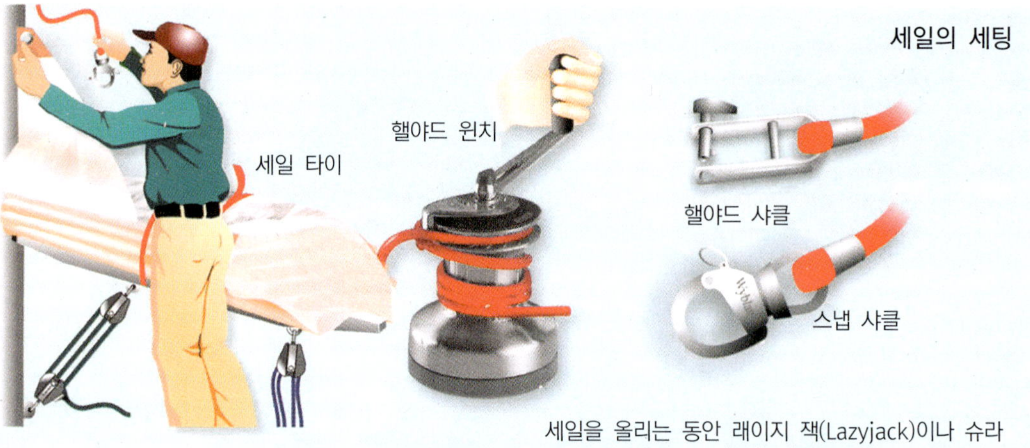

보통 **메인**을 먼저 건다. **세일 커버**와 **세일 타이**를 벗긴다(한두 개는 남겨 두고). 마스트 쪽으로 가서 **햄야드**를 세일 **헤드**(Head)에 건다. 햄야드를 윈치에 준비하고 마지막 타이를 벗긴다. 메인 시트를 조금 놓아주고 바람 속으로 들어간다. 세일을 손으로 당겨 빨리 올린다. 햄야드가 무거워지면, **햄야드 윈치**로 세일을 끝가지 올린다. 햄야드에 올바른 텐션을 주어라.

세일을 올리는 동안 래이지 잭(Lazyjack)이나 슈라우드에 걸리지 않는지 확인한다.

메인 펄링: **인홀**(Inhaul)을 풀고 **아웃트홀**을 당겨 세일을 푼다. 인홀 조절을 잘 하면서 놓아 주어라.

주의: **붐**으로 펄링되는 메인세일도 있다.

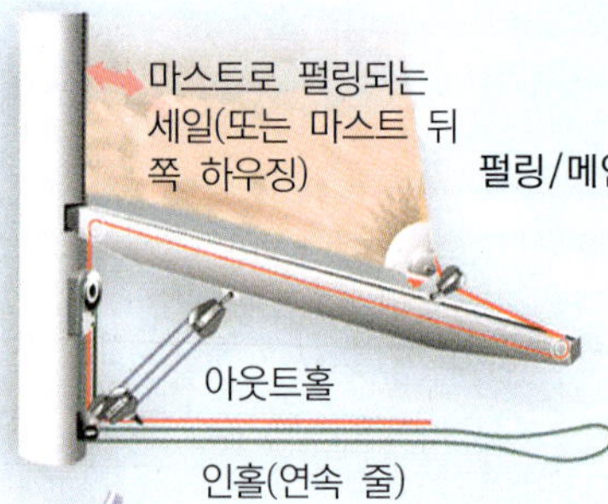

피스톤 행크로 세일 세팅

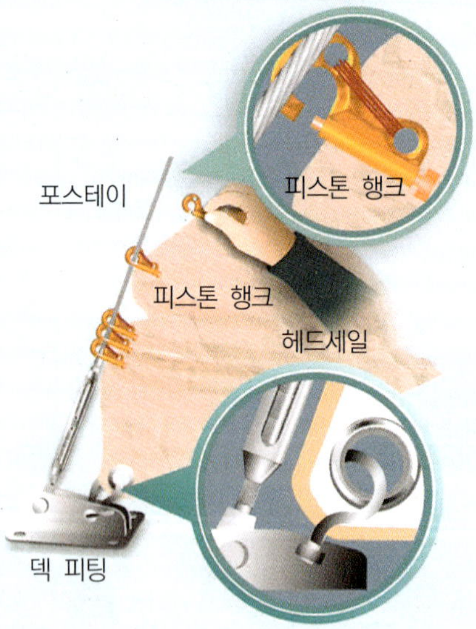

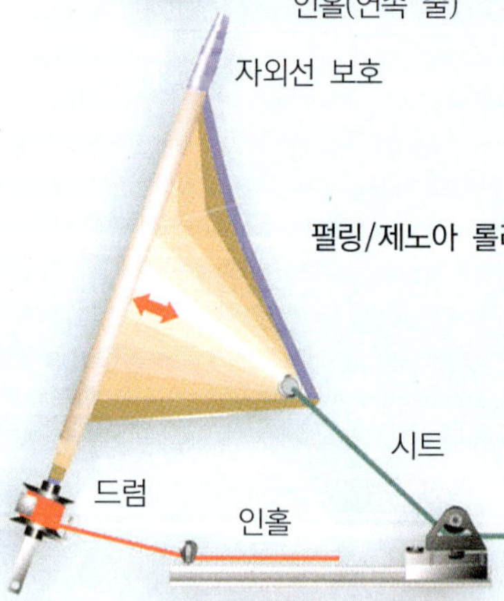

전형적인 헤드세일 세팅: 세일의 **택**을 **덱 피팅**의 **훅**에 연결한다. 샤클이나 로프를 사용할 수도 있다. **피스톤 행크**를 아래서 위로 **포스테이**에 건다 – 세일을 올바르게 걸기 위해 모든 행크가 같은 방향으로 향하고 있는지 확인한다.

제노아 시트를 **바우라인**으로 **클루**에 고정하고 제노아 햄야드를 세일 **헤드**에 연결한다. 모든 것을 다시 확인한 후 재빠르게 세일을 올린다 – **햄야드 윈치**를 사용하여 현재 상황에 맞도록 햄야드 텐션을 조정한다.

제노아 롤러: **인홀**을 풀고 **풍하 시트**를 당겨 세일을 편다. 인홀 조절을 잘 하면서 놓아 주어라.

99

풍하 세일:

스피네커와 제네커

어패런트 윈드가 빔 뒤에서 들어오면 제노아가 메인에 의해 가리기 때문에 제노아를 가득 차게 유지하는 것이 매우 어렵게 된다. 풍상 바깥으로 시트를 빼면서 폴을 사용해야 한다. 스피네커나 제너커처럼 특별한 풍하 세일이 매우 효과적이다 - 특히 약한 바람에서.

스피네커는 정확한 트림 가이드라인을 하기가 특히 어려운 세일이다. 여기서는 실질적인 최선책에 집중하여 소개할 것이다.

스피네커의 종류

크로스 컷(Cross cut) 스피네커는 현대적 대칭 스피네커의 첫 출발이었다. 세일 위쪽에서 걸리는 바람의 힘이 대각선 방향의 하중을 일으키기 때문에, 세일 천이 상당히 늘어나게 된다. 그래서 바람이 강해지면 세일 형상이 다소 비틀어진다. 이런 종류의 스피네커는 런에서 효과적이지만 리칭에는 덜 적합하다.

래디얼 헤드(Radial head) 스피네커는 위쪽이 수직 판넬로 되어 있어 강풍에서의 신축을 줄일 수 있다. 크로스 컷 스피네커 보다는 상당히 향상되었지만 리칭에서는 여전히 대단하지 않다.

트라이-래디얼(Tri-radial) 스피네커는 세 개의 주요 신축 방향으로 핀넬을 배치한 것이다. 그래서 세일의 형상을 유지할 수 있고, 대부분의 요트에서 모든 용도에 좋은 스피네커이다.

현대의 세일메이커들은 세일의 형상과 판넬 제작에 컴퓨터를 이용한 설계를 사용한다. 이를 통해 최적의 형상, 강도, 재료의 방향을 가지는 판넬을 만들 수 있게 된다.

크로스 컷(Cross-cut)

래디얼 헤드(Radial head)

트라이 레디얼(Tri-radial)

현대의 스피네커 1

재료

스피네커(그리고 제네커)는 매우 약한 바람에서도 기능을 할 수 있도록 얇은 나일론 천으로 만든다. 나일론을 사용하는 이유는 높은 강도/무게 비 그리고 돌풍에 의한 충격 하중을 견디는 신축 능력 때문이다. 대조적으로 메인과 제노아는 가능한 늘어나지 않는 재료로 만드는데 이는 돌풍에서도 세일의 형상을 유지하기 위함이다.

나일론은 오랜 시간동안 햇빛에 노출되면 부식 한다. 그래서 사용하지 않을 때는 세일백에 넣어 보관해야 한다. 백에 넣어둘 때도 잘 마른 상태여야 한다. 최소 일 년에 한번 정도 민물로 헹구면 세일의 수명이 연장될 것이다.

장비와 용어

시트와 가이

스피네커는 두 개의 "시트"로 조절하는데 스피네커 폴을 통과하는 시트를 **가이**(Guy, Aft guy)라 하고 스피네커의 풍상 쪽 클루에 연결된다. **시트**는 풍하 쪽 클루에 연결된다. 스피네커를 자이브하면 시트가 가이가 되고 가이는 시트가 된다.

스피네커 폴(Spinnaker pole)은 가이를 통해 스피네커에 붙는다. 수평을 유지하기 위해 폴에 **업홀**(Uphaul)과 **다운홀**(Downhaul)이 있다.

스피네커는 수직방향의 추진력 성분이 상당하기 때문에 다운홀이 힘의 많은 부분을 담당한다는 점에 주의하라.

시트와 가이는 선미 덱에 있는 **블록**을 통해 윈치로 연결되며, 종종 스피네커 전용 윈치는 제노아 윈치보다 다소 작다.

큰 보트에서 보이는 **조키 폴**(Jockey pole)은 가이의 당기는 각도를 좋게 하기 위해서 사용하며 또한 가이를 슈라우드에서 떨어져 있도록 유지하는 역할을 한다.

프리벤터(Preventor)는 **예상치 않은 급작스런 자이브**에 대비하여 메인 붐이 못 넘어가게 잡는 역할을 한다. 세일링에서 일어날 수 있는 위험한 상황 중 하나다. 보통 프리벤터는 붐에 메인시트가 붙어 있는 위치에 연결한다. 그리고 선수 쪽 블록이나 클릿트를 통해 다시 콕핏(Cockpit)의 클릿트로 연결된다.

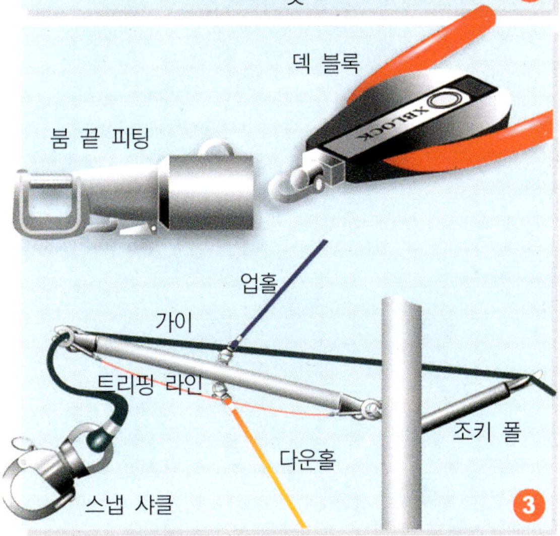

주의

모든 프리벤터는 재빠르게 풀 수 있어야 한다. 그리고 프리벤터는 제노아가 헤드세일이면서 데드 런이나 거의 데드런일 때 사용한다.

다른 방법으로 그림에서처럼 시트를 레일로 옮길 수도 있다. 그러나 굳이 선수로 갔다가 다시 선미로 오지 않더라도, 전용 브리벤터를 사용하는 것이 바람직하겠다. 콕핏에서 재빠르게 풀 수 있는지를 항상 확인하라.

바버 홀러(Barber hauler)는 시트에서 자유롭게 움직이는, 스내치 블록(Snatch block)이 있는 라인으로 슈라우드 바로 뒤의 토 레일에 붙은 덱 블록을 통한다. 바버 홀러는 시트 리드의 앞뒤, 바깥 방향을 조절한다(50~51페이지 - 그림 69 참고).

토 레일에 스내치 블록을 달면, 시팅 포인트를 앞쪽으로 하나 더 뺄 수 있다.

풍하 쪽은 항상 붐이 있는 쪽을 말 한다(자이브 하더라도 프리벤터를 사용해서 붐을 넘기지 않는 예외가 있다).

브로칭(Broaching to)은 세일 힘들의 불균형으로 조종에 오버파워가 생기는 것을 말한다. 이 불균형은 커진 경사각으로 증폭되어 생긴다.

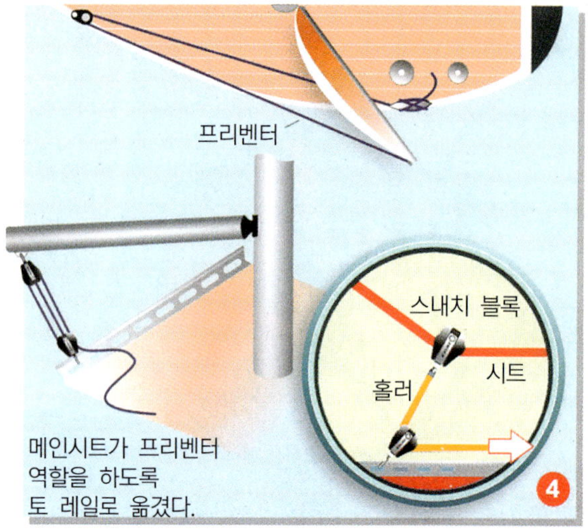

메인시트가 프리벤터 역할을 하도록 토 레일로 옮겼다.

스피네커 세팅 준비

- 덱 앞쪽 풍하 가드레일(또는 라이프 라인)에 세일 백을 고정한다(1).
- 가드레일 바깥 그리고 아래쪽으로 시트가 가도록 연결한다(2). 그리고 덱 뒤쪽 블록을 통해 윈치에 가도록 한다.
- 슈라우드와 제노아 시트 바깥으로(3) 시트를 빼서 앞으로 보낸 후 스피네커의(풍하) 클루에 연결한다(4).
- 가이 역시 같은 방식으로 한다. 대신 폴 끝 피팅을 통과한 후(5) 포스테이 앞을 지나 풍상 클루에 연결한다(6).
- 세일의 헤드에 핼야드를 연결한다(7).

주의: 핼야드가 포스테이에 꼬이거나 걸리는지 확인하라.

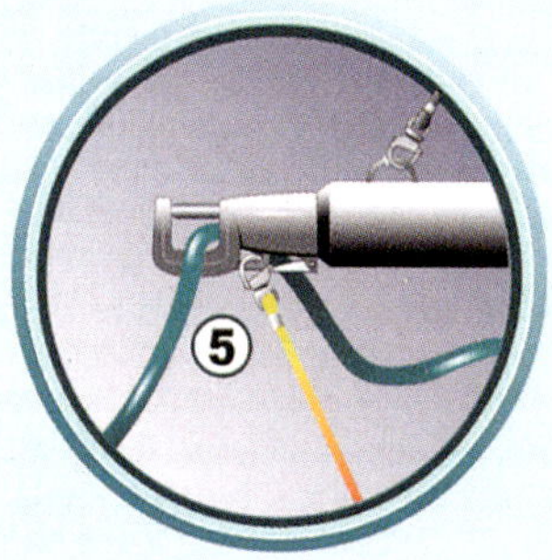

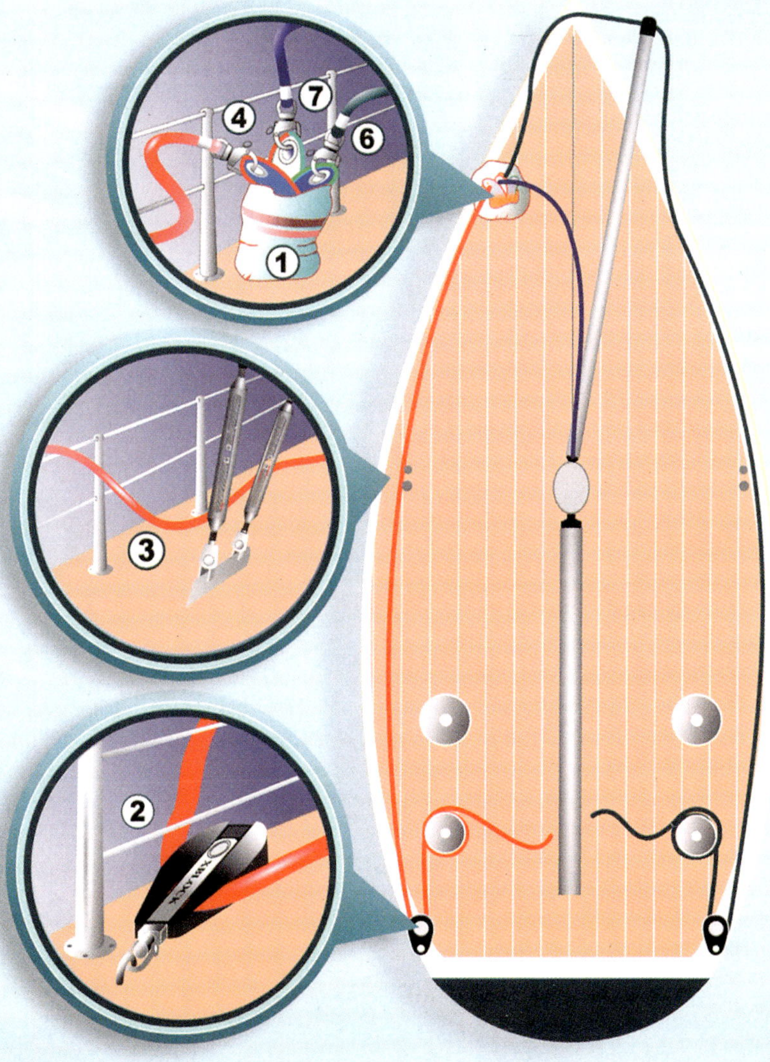

5

스피네커 올리기

런에서 스피네커 올리기

제노아의 풍하에서 스피네커를 올리고 내리는 것이 가장 안전하다. 이렇게 하기 싫다면, 스핀을 올리기 전에 풍상 클루를 잡아 당겨 (A) 폴 끝에 갖다 붙이는 것을 기억하라.

- ☐ 올바른 높이에 폴을 세팅하고 다운홀을 당긴다.
- ☐ 스피네커를 재빨리 올리고 핼야드를 빨리 당긴다.
- ☐ 풍하 클루가 폴 끝에 가며 폴이 올바른 위치에 있을 때 까지 가이를 당긴다.
- ☐ 스피네커가 가득 찰 때까지 시트를 당긴다.
- ☐ 제노아를 내린다.
    - **주의**: 바람이 빔에서 많이 들어오면, 제노아가 내려 갈 때까지 스피네커가 풍만하게 가득 차지 않는다.

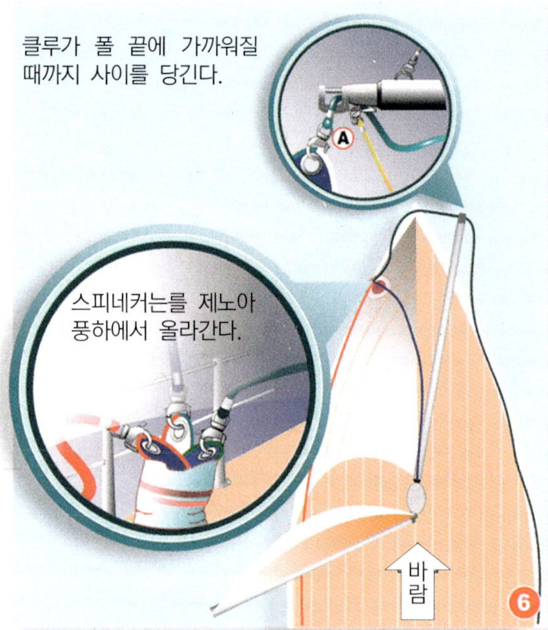

빔으로부터 오는 바람 중에 올리기

- ☐ 폴을 중심선에 대해 15°로 그리고 런보다 살짝 낮게 세팅한다. 다운홀을 당긴다. 위에서처럼 진행한다.

세일의 탑이 마스트로부터 떨어져 있다. 핼야드를 8-20인치(20-75 cm) 정도 놓아주면 메인의 공기흐름이 좀 더 원활하다. 놓아주는 거리는 배의 크기에 따른다.

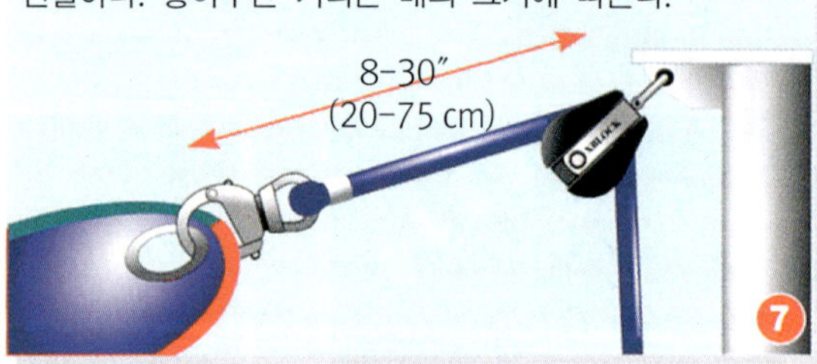

일반적인 스핀 세팅

- ☐ 스핀을 백에 패킹할 때 철저해야 한다. 헤드를 잡고 클루에 도달할 때까지 리치들을 접어 들어간다(보통 빨간색 테이프와 녹색 테이프로 표시되어 있다). 헤드와 클루들을 잡고 있으면서 스피네커를 백 속에 넣는다. 두 명의 크루가 같이 하는 것이 좋을 것이다. 큰 보트의 스피네커 패킹은 좀 특별한 방식을 따른다.

- ☐ 스피네커 백을 가드레일에 단단히 묶는다.
- ☐ 시트와 가이가 바로 놓였는지 다시 한 번 확인한다.
- ☐ 스피네커 폴을 올바른 높이와 각도로 세팅한다.
- ☐ 클루가 폴에 다다를 때 까지 가이를 잡아당긴다.
    - **주의**: 제노아의 풍하에서 스피네커가 올라간다면 꼭 필요한 것은 아니다.
- ☐ 다운홀을 단단하게 했는지 확인한다. 그러면 폴이 올라가지 않게 되며 세일이 가득차면 하늘 쪽으로 향하게 된다.
- ☐ 안전을 위해 항상 시트와 가이 그리고 헬야드를 윈치에 한 바퀴 감아 두라. 그러면 갑자기 세일이 가득 찰 때 조절하기가 쉽다.
- ☐ 런에서 매우 약한 바람과 강한 바람을 제외하고, 스피네커를 메인으로부터 조금 떨어뜨리기 위해 헬야드를 살짝 놓아 주어라.

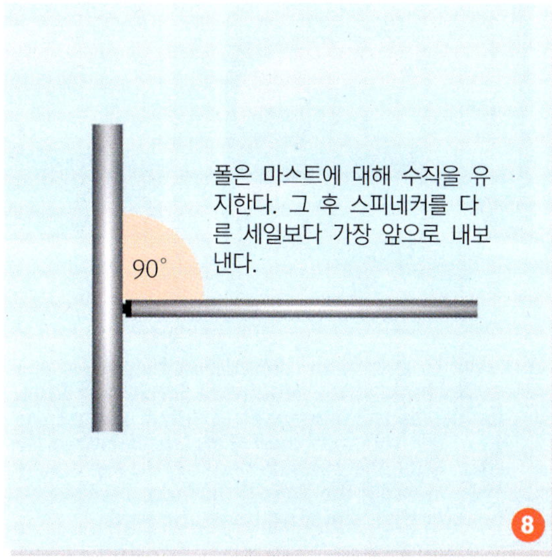

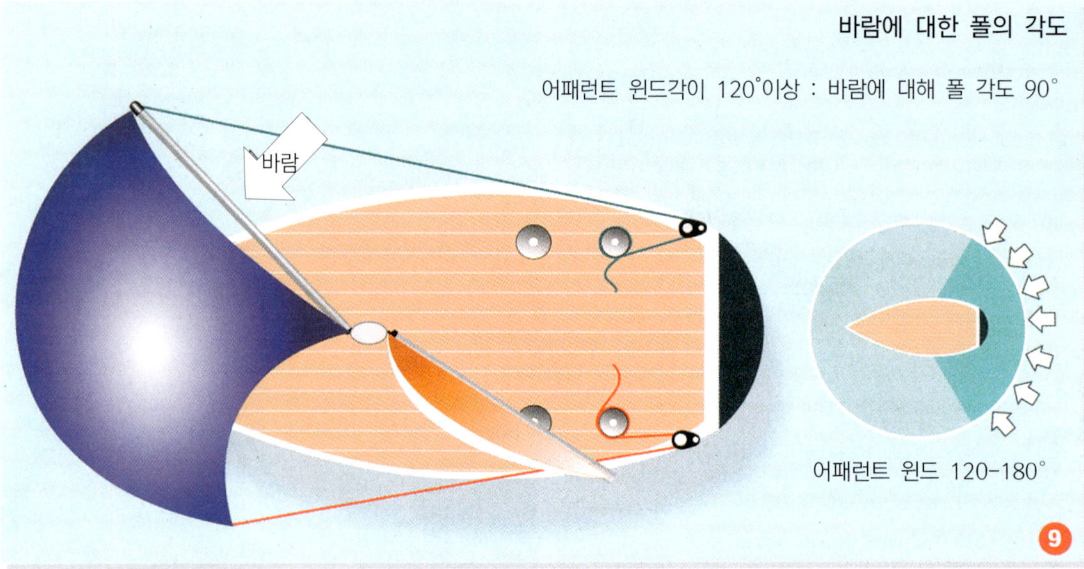

어패런트 윈드의 각도가 120-180°이면 최선책으로 폴을 바람에 대해 90°로 세팅한다. 어패런트 윈드기 앞에서 오는 경우가 많으면(리치/리치 근방) 스피네커 폴을 "오버트림*)"해서 풍하 리치를 열고 세일을 편평하게 해야 한다(그림 18). 그리고 가이를 당겨 폴을 뒤로 이동시켜 폴과 어패런트 윈드의 각이 90° 아래가 되도록 해야 한다.

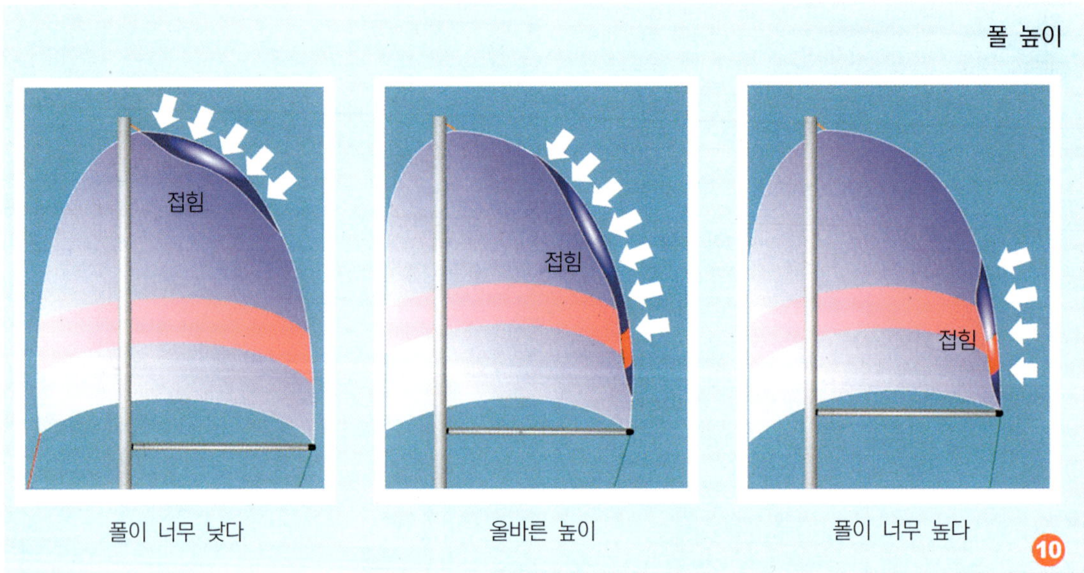

폴의 올바른 높이를 결정하는 하나의 방법으로 풍상 리치(러프)를 살피는 것이다. 스피네커가 러프를 하게 되면 가볍게 흔들린다. 스피네커가 러프할 때 **리치의 많은 부분이 동시에 깨질 때까지** 폴의 높이를 조정하라. 탑이 먼저 깨지면 폴을 올려야 한다. 리치의 아랫부분이 먼저 깨지면 폴을 내려야 한다.
또 다른 간단한 최선책은 런에서 풍상과 풍하 클루가 덱으로부터 같은 높이가 되어야 한다는 것이다.
주의: 런에서 바람이 약해지고 시트 클루(풍하 클루)가 내려올 때 이것을 확인하는 것이 중요하다. 리치에서는 드래프트 위치가 더 중요하기에 풍상 클루(가이 클루)가 시트 클루(풍하 클루)보다 종종 아래에 있다.

*) 오버트림과 언더트림은 86 페이지를 참고하라.

스피네커 깊이

세일 윗부분의 깊이

스피네커의 깊이는 우선 세일 판넬의 형상을 만드는 세일메이커에 의해 결정된다. 그러나 스피네커 윗부분의 깊이는 또한 클루들의 높이에 영향을 받는다. 이것들을 올리면 리치와 러프가 **열리고 어깨**(Shoulers, 리치의 윗부분)가 펼쳐진다.

이로 인해 많은 사람들이 믿는 것과는 대조적으로 세일의 윗부분이 편평해진다. 클루들을 내리면 리치들이 늘어나면서 서로 가까워진다(깊어진다).

그러므로 :

- 폴을 높이면 : 스피네커의 윗부분이 편평해진다.
- 폴을 낮추면 : 세일의 윗부분이 깊어진다.

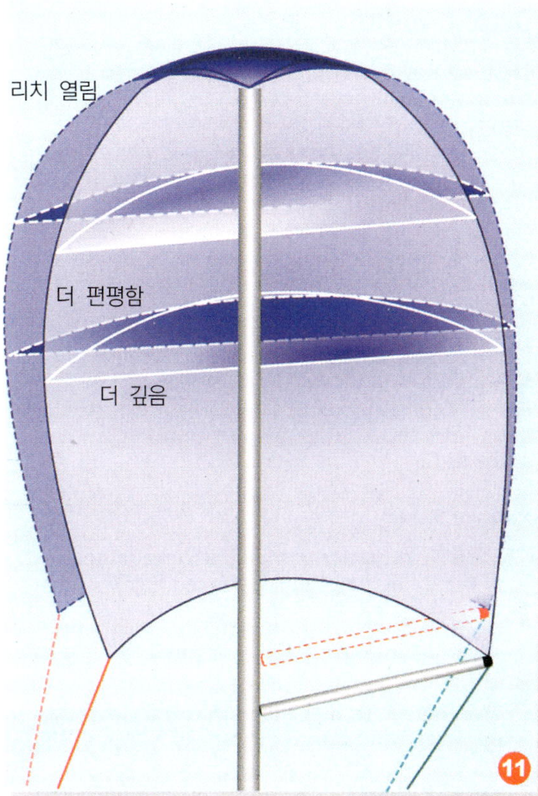

스피네커 아랫부분의 깊이

스피네커의 아랫부분 깊이는 무엇보다, 거의 제노아와 같은 방식으로, 시트 리드의 위치에 의한다. 보통 리드는 선미 덱 블록에 있다. 그러나 슈라우드 바로 뒤에 바버 홀러를 붙여 시트 리드를 앞으로 옮길 수 있다.

시트 리더를 뒤로 두면 세일은 편평해지고 풍하 리치가 열릴 것이다. 이러면 세일에서 나가는 공기 흐름에 굴곡이 덜해지기 때문에 경사력이 줄어든다. 또한 세일이 메인으로부터 더 멀어지기 때문에 두 세일 모두에 바람직한 공기흐름을 만든다. 대조적으로 리드를 앞으로 보내면 세일이 깊이가 더해지고 풍하 리치가 닫힌다. - 시트의 당김이 더 아래로 향하게 되기 때문에 따라서

- 시트 리드를 뒤로 : 아랫부분이 편평해짐, 리치 열림
- 시트 리드를 앞으로 : 깊어짐, 리치 닫힘.

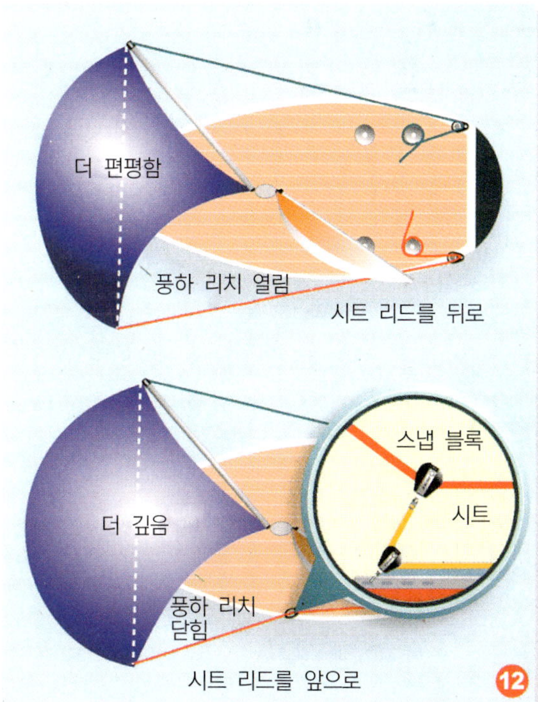

드래프트 위치

드래프트 위치는 클루들의 상대적인 높이로 조정한다. 일반적인 규칙에 따르면, 클루들이 같은 높이에 있어야 한다는 것이 항상 유효한 것은 아니다.

옆에서 또는 보다 앞쪽에서 바람이 들어올 때, 폴을 낮추면 드래프트가 앞으로 이동할 것이다. 폴을 올리면, 드래프트 위치가 뒤로 이동할 것이다.

크루징 요트에서 스피네커는 클루들을 같은 높이에 두거나 또는 풍상 쪽 클루를 풍하 쪽 클루보다 약간 아래에 둬서 트림해야 한다.

강풍이 옆에서 들어오면, 폴을 낮춰서 드래프트를 앞으로 옮기고 이로써 브로칭을 피하는 것이 특히 중요하다.

(브로칭의 위험에 처했을 때, 메인시트와 키킹 스트랩을 놓아 세일의 윗부분 힘을 줄여라.)

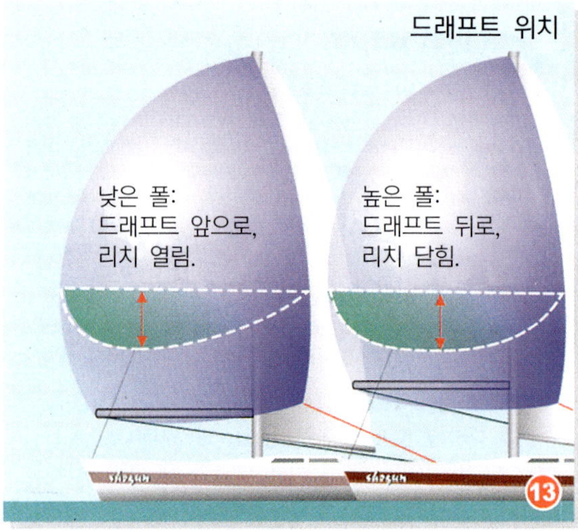

최선책

- 제노아의 풍하로 스피네커를 올리고 내리는 것이 현명하다(그림 6, 그림 27).
- 브로드 리치/러닝(어패런트 윈드 120°~180°)에서는 어패런트 윈드에 90°로 폴을 세팅한다(그림 9).
- 어패런트 윈드가 120°의 앞에서 들어오면 폴을 약간 앞으로 세팅한다(그림 18).
- 폴은 항상 마스트에 수직하게 세팅한다(그림 8).
- 바람이 줄어들면 폴을 낮게 세팅한다(그림 10).
- 강풍의 런닝에서는 시트 리드를 앞으로 이동시킨다. 보통 바버 홀러를 사용한다(그림 16).
- 런닝에서 풍하와 풍상 클루는 덱으로부터 같은 높이가 되도록 한다(그림 10).

주의

이런 일반적인 규칙이 항상 유효한 것은 아니다. **브로칭**의 위험이 있는 아주 강한 바람에서는 속력을 내기 위한 세일 세팅 전에 스피네커와 나아가 보트를 안정적으로 만드는 것이 더 중요하다. 강풍에서는 폴을 올려서 스피네커의 윗부분을 편평하게 하는 것 대신에 폴의 높이를 낮춰라. 그것이 강풍에서는 바람직하다.

스피네커를 최적으로 트림하기 위해서는, 지속적으로 풍상 쪽 리치(러프)가 접힐 때 까지 시트를 놓아주고, 다시 접힘이 막 없어 질 때 까지 다시 당겨야 한다. 이는 세일이 덜 효율적이게 되는 오버 시트(Oversheet)를 피하기 위해서 하는 것이다.

주의

크루징 요트인들은 이런 식으로 연속적인 트림을 거의 하지 않지만 대신 시트를 오버트림하면 좀 더 편안한 세일링이 될 것이다.

수직방향의 가운데 재봉선이 마스트에 평행하도록 유지하라. 세일의 탑에서 재봉선이 풍하 쪽으로 굽어 나가면, 가이를 놓아 주어야 한다. 재봉선이 풍상 쪽으로 굽어 나가면 가이를 당겨야 한다.

데드런 코스에 있는 것은 거의 도움이 되지 않는다. 약풍과 중풍에서는 배의 속력을 높이도록 배를 바람 쪽으로 살짝 올리는 것이 좋다. 따라서 세일에 보다 나은 공기흐름을 얻을 수 있게 된다.

강풍에서는 바람 쪽으로 배를 올리면 보다 안정적인 진행을 확보할 수 있고 롤링이나 풍하로의 브로칭 위험들을 줄일 수 있다.

14

스피네커로 런닝

- 어패런트 윈드에 대해 폴을 90°로 세팅한다.
  - 바람이 약해지면 폴을 낮춘다. 클루들이 덱위로 같은 높이에 있는지 확인하라.
- 시트 리드는 가장 뒤에 둔다.

약풍과 거친 수면에서는 폴을 "언더트림(Undertrim)" 할 수 있을 것이다. 이는 어패런트 윈드에 대해 폴이 90° 보다 큰 각으로 세팅된다는 뜻이다. 그러면 시트를 더 놓아서 스피네커가 선수 앞에서 잘 당길 수 있게 된다. 세일의 아랫부분에서 커진 깊이는 파도 중에서 뚫고 나가는 추진력을 크게 한다(바버 홀러로 시트 리드를 앞으로 옮기면 거친 수면에서 스피네커가 더 안정적일 것이다).

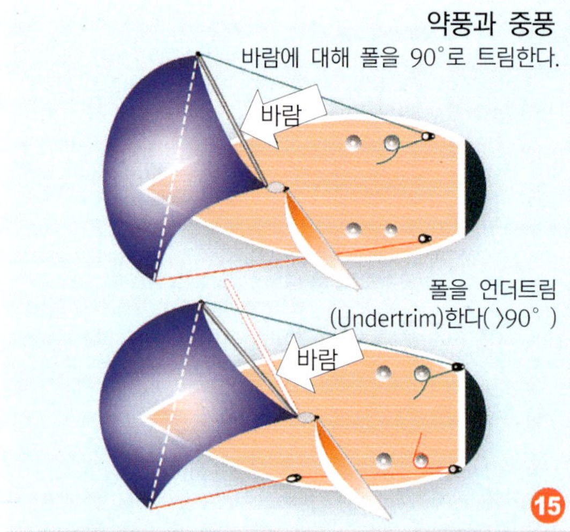

강풍에서 런닝

보트가 다루기에 더 힘들어 진다. **브로칭**을 피하기 위한 **롤링을 막는 것**이 가장 중요하다.

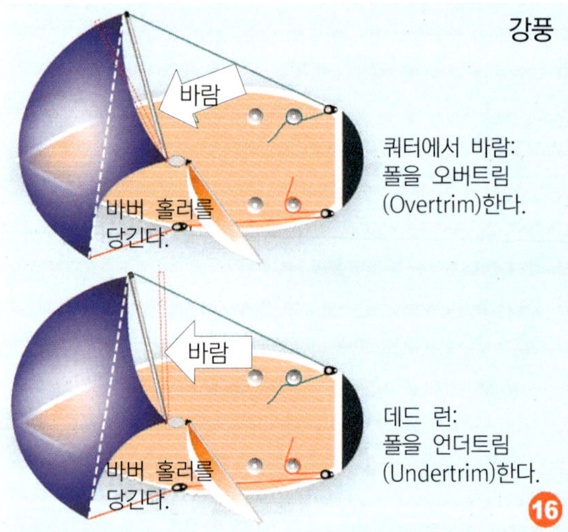

브로드 리칭(쿼터에서 바람)

- 스피네커 폴을 오버트림하고 스피네커의 러프를 안정시키기 위해 폴을 낮춰 세팅한다.
- 바버 홀러를 당겨 시트 리드를 앞으로 이동시킨다. 또한 시트를 약간 오버트림한다. 이렇게 하면 스페네커가 퍼져나가게 되고 특히, 큰 파도 중에서 롤링(Rolling)을 유발하는 한 쪽에서 다른 한 쪽으로 보트가 흔들리는 것을 막을 수 있다.

데드런에서(피해야 하는)

- 앞서처럼 하되, 스피네커가 풍상 쪽으로 너무 많이 당겨지지 않게 하도록 가이를 약간 놓아 준다(폴을 언더트림한다). 풍상 쪽으로 너무 당기면 풍상 쪽으로 보트가 기울어 롤링을 시작할 수 있다.

런에서의 안정성

바람이 세어지기 시작할 때 롤링을 피하기 위해서는, 가능한 스피네커가 똑바로 전방을 당기는 것이 중요하다. 마스트의 핼야드 블록을(또는 쉬브) 보면 당기는 방향을 알 수 있다(그림 17). 똑바른 전방에서 너무 많이 벗어나면 스피네커를 잘못 트림한 것이다. 그러나 마스트의 블록을 쳐다보는 것은 힘들고 불편한 일이다. 그래서:

보트가 풍상 쪽으로 롤링을 시작하면 시트를 약간 당긴다. 보트가 풍하 쪽으로 롤링하면, 시트를 놓는다. 헬름즈맨은 보트의 움직임을 주시해야 하고 풍상 쪽으로 기울면 약간 바람쪽으로 집어넣고, 풍하 쪽으로 기울면 베어 어웨이 해야 한다.

최선책은:

마스트 아래에서 보트를 조종하라!(88페이지 참고)

또한, 가능한 보트가 똑바로 서 있는 것이 중요하다. 선수가 물속에 파묻히는 것을 피하고 또한 러더가 최대한의 효율을 발휘하도록 크루들이 선미 쪽으로 이동해야 한다.

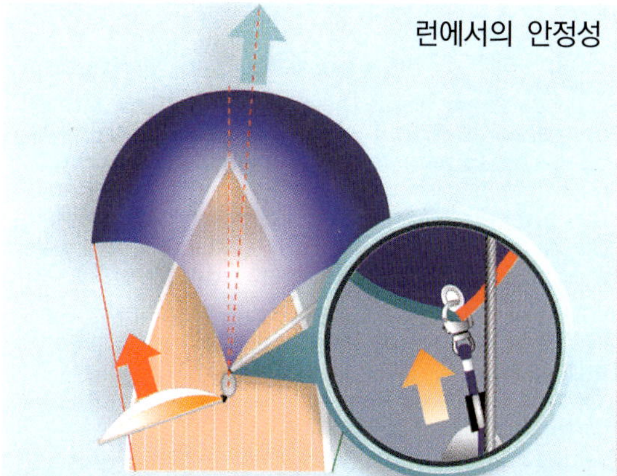

여기에서 보면 스피네커는 약간 풍상 쪽을 당기고 있고 동시에 메인은 풍하 쪽을 당기고 있다. 그래서 세일로부터 나오는 전체 힘은 거의 똑바로 전방을 향하게 되고 배를 안정적으로 잡아주게 된다. 17

클로스 리칭(Close reaching)

- 폴을 오버트림하고 스피네커를 풍만하게 유지하라.
- 시트 리드를 뒤로 옮겨라.

주의

옆 바람과 관련된 원칙들은 50°에서 120°까지의 모든 바람 방향에 대해서도 유효하다.

어패런트 윈드 각도가 120° 이하일 때, 스피네커를 풍만하게 유지할 수 있다면, 풍하 리치를 열고 스피네커를 메인으로부터 떨어뜨리기 위해 스피네커 폴을 오버트림 할 수 있다. 이렇게 하면 세일에서의 힘이 더욱 앞으로 향할 것이고 보드의 경사가 줄어들 것이다.

주의

폴이 포스테이에 절대 얽히지 않도록 하라.

스피네커로 얼마나 높이 포인팅 할 수 있는가?

이는 세일이 어떻게 만들어 졌는가에 달려 있지만 일반적으로 당기는 방향이 45°를 넘으면(그림 17), 제노아로 바꿔야 한다. 그 전에 먼저 세일 세팅을 향상시키기 위해 시트를 풀고 가이를 살짝 당겨보라.

크루징 요트인들은 옆바람이나 앞바람에 효율적이지 못한 세일을 종종 가지고 있다. 그럴때면 스피네커를 내리고 대신 제노아를 올리는 것이 낫다!

약풍과 중풍

스피네커를 풍만하게 유지할 수 있다면 폴을 오버트림한다. 리치가 열리면서 경사력이 줄어들 것이다.

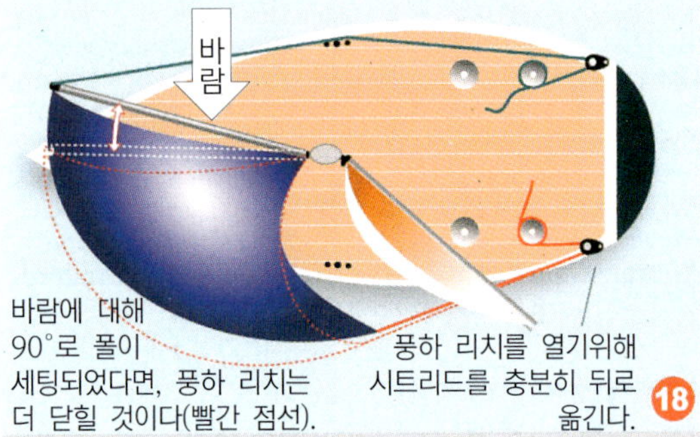

강풍에서의 클로스 리칭

- 강풍이 옆에서 들어오면 폴을 위에서 설명한 것처럼 세팅하되 풍상 리치를 안정시키기 위해 약간 낮춘다. 그러면 드래프트가 앞으로 이동할 것이며 브로칭을 막는데 도움이 된다.
- 풍하 리치가 더 열리도록 시트 리드를 뒤로 옮긴다. 그러면 보트의 경사가 줄어들 것이다(그리고 웨더 헬름).

보트의 경사나 조종에 문제가 있으면, 브로드 리치로 베어 어웨이 하거나 스피네커를 내려라!

스피네커로 세일링 할 때 메인의 트림

스피네커는 제노아보다 공기의 흐름을 훨씬 더 많이 굽힌다. 이를 보완하기 위해 메인을 더 당겨야 한다는 것을 알게 될 것이다. 단순히 메인을 통상적으로 취급하라. 즉, 아웃트홀을 풀어주고 마스트를 곧게 해서 깊이를 더하라. 핼야드도 풀어주어야 한다. 클로스 리치에서는 경사를 줄이기 위해 메인을 편평하게 해야 할 수도 있다.

강풍의 런에서는 롤의 경향을 줄이기 위해 메인의 트위스트를 줄여야 한다. 세일의 윗부분이 보트를 풍상 쪽으로 당길 수 있다. 키커를 당기되 키커와 프리벤터 둘 다 재빨리 풀리도록 해야 한다는 것이다.

반면 약한 바람에서는 세일에 필요한 트위스트를 주기 위해, 톱핑 리프트나 텔러스코픽 키커를 이용해서 붐을 살짝 올려야 할 수도 있다.

브로칭

강풍에서 보트가 똑바로 선 채 범주하게 되면, 올바르게 트림된 스피네커와 메인으로부터 생긴 힘들은 서로 균형을 이루게 된다. 보트는 작고 재빠른 헬름 조절로 코스를 잘 유지할 수 있을 것이다.

보트를 기울이는 돌풍이나 파도는 보트를 쉽게 불안정하게 만든다. 스피네커와 메인으로 생긴 힘들은 보트의 회전점을 기준으로 같은 쪽에서 작용하게 되고 따라서 두 힘들은 보트를 풍상 쪽으로 돌리려고 한다. 러더로 이 힘들에 대응할 수 없으면 헬름즈맨은 조절을 못하게 된다.

경사는 웨더 헬름을 증가시키고 바람 쪽으로 더 돌게 된다. 그리고 보트, 마스트, 리그와 세일의 관성은 보트를 더욱 더 경사시킨다. 보트는 바람 속으로 급격하게 돌게 되고, 붐은 수면에 닿을 것이며 녹다운(Knock down)에 걸릴 것이다. 보트는 풍상 쪽으로 브로칭 했다.

풍하 쪽 브로칭

자이빙을 동반하는 풍하 쪽 브로칭이 생긴다. 만약 프리벤터가 세팅되어 있었거나 메인시트가 레일에 고정되어 있다면 이는 위험해 진다. 붐은 하늘을 향해 올라갈 것이다. 바람이 메인의 뒤편을 채우고 보트는 급격하게 기울어진다. 경우에 따라 보트에 열려있는 있는 햇치를 통해 물이 찰수가 있다.

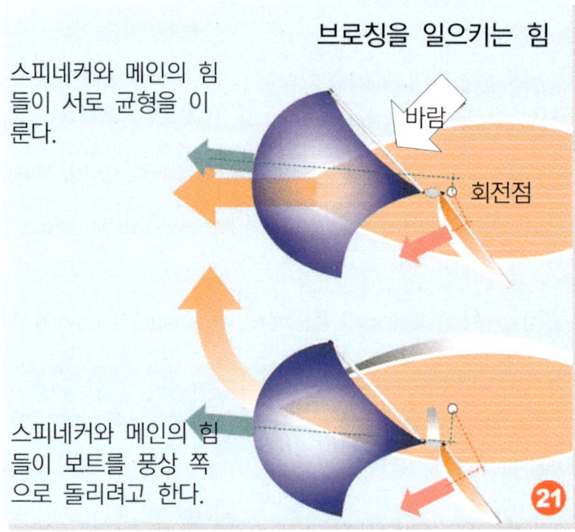

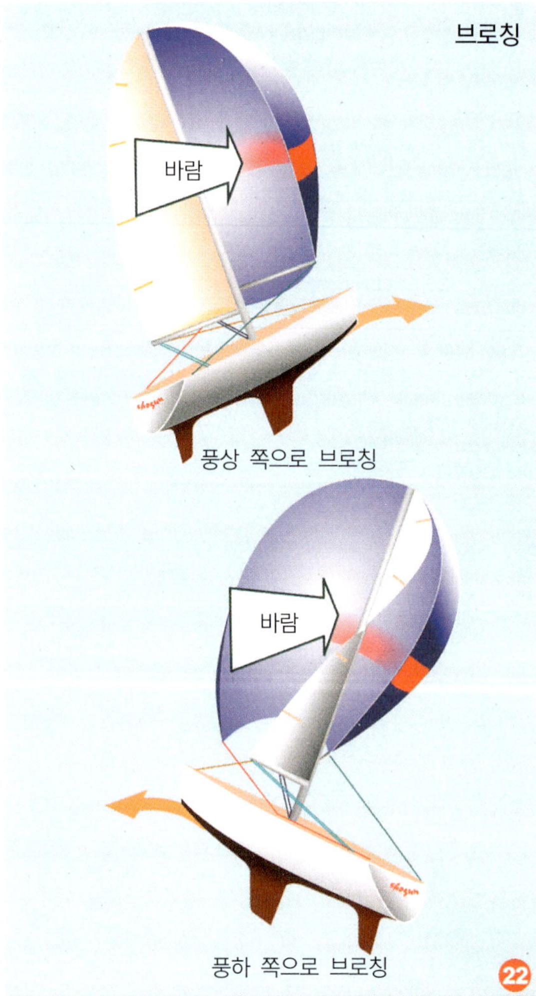

브로칭 피하기 :

스티네커가 한 쪽에서 다른 한 쪽으로 흔들리는 것을 막고(82~83페이지) 돌풍 속으로 살짝 베어 어웨이 함으로써 롤링을 피한다. 바람이 더 불면 바람이 더 뒤에서 오도록 세일링하되 강풍에서는 데드런에 놓이는 것을 피하라.

풍상 쪽 브로칭이 시작될 때 무엇을 해야 하는가:

- 메인시트를 푼다(런에서는 그렇게 도움이 되지 않는다).
- 키커를 풀어 메인의 힘을 떨어뜨린다.
- 필요하면 스피네커 시트를 푼다.

풍하 쪽 브로칭이 시작될 때 무엇을 해야 하는가:

"머리 숙여!"라고 고함을 질러라. 메인시트와 트랙에서 크루를 멀리 두어라. 프리벤터가 없거나 파손되면 붐이 콕핏 위를 순식간에 급격히 지나갈 것이다.

- 프리벤터를 풀거나 끊어서 붐이 새로운 풍하 쪽으로 갈 수 있게 하라.
- 메인에서 바람을 털어내기 위해 키커를 풀어 주어라.
- 필요하다면 가이(새로운 풍하 쪽의!)를 풀어 주어라.

주의

브로칭하는 동안 다운홀이 급격히 풀리면, 스피네커와 폴이 물에 잠기거나 부러지는 걸 막을 수 있다.

강풍에서 다운윈드 조종하기

마스트 아래에서 보트를 조종하라!

강풍에서 풍하로 런닝할 때, 롤링은 큰 문제를 일으킬 수 있기에 피해야 한다. 82~83페이지처럼 바버 홀러, 시트와 가이의 트림으로 스피네커를 "길들일" 수 있다. 올바르게 조종해서 롤이 일어나려는 것을 막아라.

보트가 풍하 쪽으로 롤을 시각하면 살짝 베어 어웨이하라. 풍상 쪽으로 롤을 시작하면 살짝 헤드 업하라.

이것이 바로 마스트 아래에서 보트를 조종하라는 것의 의미이다. 많은 요트인들이 이를 정확하게 반대로 하는 경향이 있으며 문제를 더 나빠지게 한다.

물론 보트가 자이빙에 가까워지면 절대 베어 어웨이해서는 안 될 것이다. 그러므로 항상 약간 바람에 가까이 세일링하며 데드런을 피하는 것이 현명하다. 이것은 자이빙의 위험 없이 약간 베어 할 수 있는 선택권을 준다.

그러나 만약 좋은 프리벤터를 달았다면 위에서 말한 기술을 상당히 안전하게 사용할 수 있을 것이다. 메인에 백윈드가 들어오기 시작할 때 볼 수 있을 것이며 프리벤터가 붐이 자이빙 되는 것을 막고 있는 동안 당신의 코스를 고칠 수 있을 것이다.

항상 보트의 움직임을 예상하도록 노력하라. 빨리 대응할수록 조절이 더 나아질 것이다.

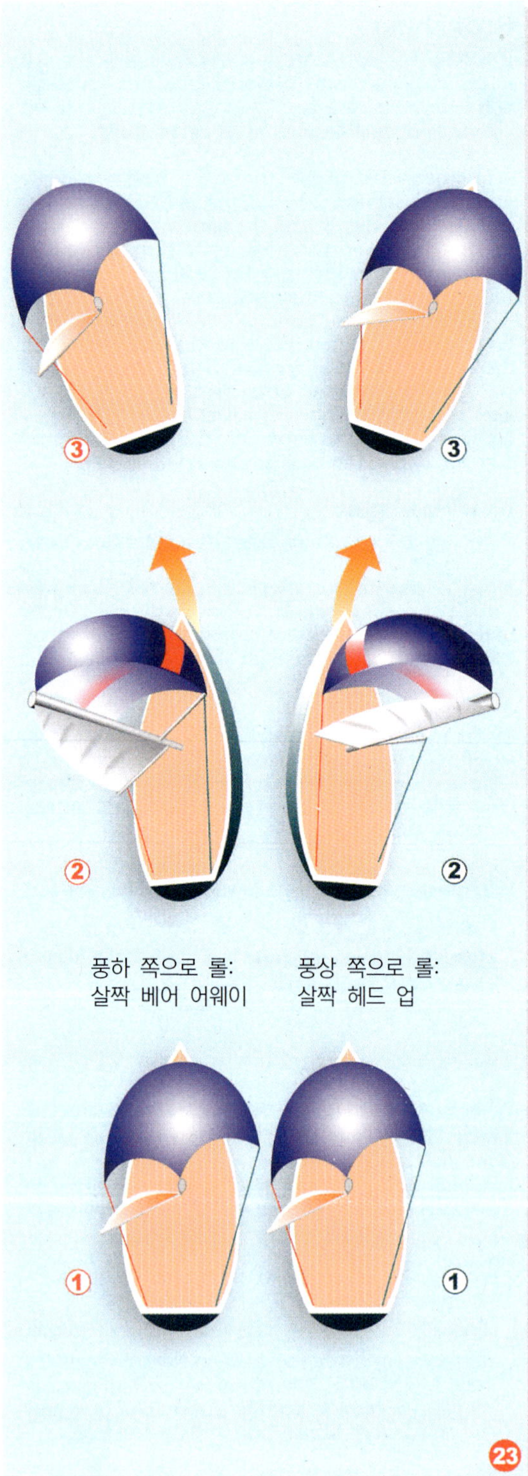

주의

풍상 브로칭이 풍하 브로칭 보다 덜 위험하다. 풍하 브로칭은 자이빙을 유발하기 때문에 손상이나 신체와 생명의 위험 그리고 난장판이 생긴다.

스피네커 자이빙

스피네커 자이빙은 크게 세 가지 방법이 있다. 큰 보트나 경기 요트에는 **레이지 가이/레이지 시트**(Lazy guys/Lazy sheets)라고 불리는 추가 가이와 시트가 있다. 추가 가이와 시트를 그림에 넣지는 않았다. 일반적으로 스피네커 자이빙은 다음과 같이 한다:

- 데드런으로 베어 어웨이한다.
- 스피네커를 안정시킨다.
- 폴을 풍하로 옮기고 시트를 건다.
- 메인 자이빙, 헤드 업을 하고 새로운 코스에 대해 스핀을 트림한다.

경기를 주로 하는 크루들은 보통 메인과 스피네커 자이빙을 동시에 하는 반면 많은 크루저 크루들은, 특히, 소수의 크루 그리고/또는 숙련이 덜된 크루, 스피네커 자비빙을 한 후(또는 하기 전) 메인을 자이빙 한다. 스피네커와 메인이 같은 쪽에 있게 되면 메인의 난류로 인해 스피네커가 꼬이고 위험이 있다는 문제가 있다. 안정적인 보트에서는 자이빙 하는 동안 스피네커가 풍만하게 유지되도록 하기 위해 시트를 당겨 메인을 보트 중심선에 둔다.

끝에서 끝 자이빙(End-to-end gybe)(30피트 이하의 보트에 가장 적당하다.)

세 가지 방법 중에 가장 단순하면서 추가 장비가 필요 없는 방법이다.

그러나 강풍의 거친 해상, 특히 30피트 이상의 보트는 실행하기가 힘들 수 있다. 이는 스피네커 폴을 이동시킬 때 폴이 완전히 마스트에서 분리되어 자유롭게 움직이기 때문이다.

- 데드런으로 베어 어웨이 하고 일정한 코스를 유지한다.
- 폴이 보트를 가로질러 새 위치로 갈 때까지 시트를 놓고 가이를 당긴다. 스피네커는 풍만한 상태를 유지한다.
- 크루가 마스트에서 폴을 풀어 풍하 쪽의 시트를 걸기 전에 다운홀을 살짝 푼다(이 순간에 메인 자이빙을 할 수 있지만, 폴을 먼저 거는 것이 현명하다).
- 그 후 가이를 풀어주고 폴을 마스트에 붙인다. 그리고 다시 다운홀을 당긴다.
- 메인 자이빙, 헤드 업하고 새로운 코스에 대해 스피네커를 트림한다.

바버 홀러가 타이트하다면, 시트를 폴에 걸기 위해 시트를 먼저 잡는 것이 편할 것이다. 헬름즈맨이 시트를 잡아 덱 안쪽으로 넣는 경우도 있다. 혼란과 통제되지 않는 메인 자이빙을 피하기 위해서는 정확한 조종이 필수적이다. 크루가 적거나 강풍인 경우에는 스피네커를 내리고 메인을 자이빙한 후 다시 스피네커를 올리는 방법도 있다.

투-폴 자이빙(Two-pole gybe)

보트에 두 개의 폴이 있으나 하나만 사용하고 있다면, 다음과 같이 자이빙 할 수 있다:

- 데드런으로 베어 어웨이 하고 폴은 보트의 중심선에 대해 45°로 세팅한다.
- 다른 폴을 마스트에 걸고 업홀을 붙인다. 그리고 폴의 끝에 시트를 건다. 보트의 크기에 따라 마스트에 폴이 걸려 있는 상태에서 시트를 폴의 끝에 거는 것이 어려울 수 있다. 폴에 시트를 먼저 걸고 난 후 폴을 마스트에 거는 것이 필요할 수 있다.
- 다운홀을 걸고 업홀과 다운홀로 폴의 높이를 조절/고정한다. 새 폴은 중심선에 대해 45°로 세팅한다.
- 메인을 자이빙하고 첫 번째 폴을 내린다.
- 천천히 헤드업하고 새로운 코스에 대해 스피네커를 트림한다.

레이지 시트와 레이지 가이가 있는 보트

여분의 시트와 가이를 장착했다면 두 번째 폴을 레이지 시트에 걸고 당겨서 새 가이로 사용할 수 있다. 자이빙하기 전에 업홀과 다운홀이 폴을 잘 조절 할 수 있는지 확인하라. 그러면 메인을 자이빙할 준비가 되었다.

메인 자이빙이 되면, 새로운 시트(레이지 가이였다.)를 조정하고 가이를 풀고 다운홀을 이용해 폴을 보트 안으로 당겨 넣은 후 가이를 떼어 낸다. 이후 천천히 헤드업하면서 새로운 코스에 대해 스피네커를 트림한다.

딥-폴 자이빙(Dip-pole gybe)

시트와 가이가 한 세트인 경우, 자이빙 하기 전에 배이비 스테이(Baby stay)나 이너 스테이(Inner stay)를 없앤다.

- 데드런으로 베어 어웨이하고 스피네커를 안정시킨다. 롤링을 피하라.
- 업홀을 풀어주고 가이를 폴로부터 떼어낸다.
- 다운홀을 풀어주고 폴을 포스테이 아래로 내려 옮긴다(필요에 따라 마스트 쪽의 폴을 올려야 할 때도 있다). 그리고 풍하 쪽 시트를 폴에 건다.
- 업홀과 다운홀을 당긴다.
- 메인을 자이빙한다. 새로운 코스로 천천히 헤드업하고 스피네커를 트림한다.

사실 폴이 풍하 쪽으로 넘어갈 때와 동시에 메인을 자이빙 해야 하지만 크루가 적거나 숙련이 덜 되었으면 위의 방법으로 하는 것이 안전하다.

딥-폴 자이빙(Dip-pole gybe)

시트와 가이가 두 세트인 경우.

- 데드런으로 베어 어웨이 하고 스피네커를 안정시킨다. 롤링을 피하라.
- 마스트에 붙는 폴 끝을 올려서 폴을 포스테이 아래로 내려 반대편으로 옮길 수 있도록 한다.
- 업홀을 풀어주고 가이를 떼어낸다.
- 폴을 포스테이 아래로 내려 반대편으로 옮긴 다음 레이지 시트에 붙인다(새 가이가 된다).
- 메인을 동시에 자이빙 할 수 있다.
- 마스트에 붙는 폴 끝의 위치를 조정하고 업홀과 새 가이를 당긴다.
- 새로운 코스로 천천히 헤드업하고 스피네커를 트림한다.

이 방법은 매우 효율적이지만 잘 조직된 크루가 필요하다. 크루 한명은 펄핏(Pulpit)에 앉아 선미 쪽을 바라본다. 폴을 내려 포스테이를 지나 갈 때 이 크루는 재빨리 레이지 가이를 폴 끝에 붙어야 한다.

헬름즈맨은 스피네커가 안정하게 보트 앞에서 유지되도록 조종하는 것이 중요하다. 폴이 가이로부터 떨어져 나가면 스피네커는 오직 두 개의 "시트"로만 조정이 된다. 헬름즈맨은 폴이 새로운 가이에 붙을 때까지 그리고 메인이 자이빙 될 때까지 스피네커가 풍만하게 유지되도록 해야 한다.

주의

메인을 중심선까지 당기면 자이빙하는 동안 스피네커를 풍만하게 유지할 수 있다. 심지어 폴을 넘기고 메인을 자이빙한 다음 새 가이에 폴을 붙이더라도.

스피네커 내리기

많은 요트인들은 스피네커를 내리는 것이 힘들다고 생각한다. 그러나 제노아의 풍하로 스피네커를 내린다면 그리고 앞의 방법을 따른다면 별 문제가 생기지 않을 것이다:

- 풍하 쪽으로 제노아를 올리고 데드런으로 베어한다.
- 폴이 포스테이에 갈 때까지 가이를 풀어준다.
- 시트를 당긴다. 다운홀이 타이트한지 확인하라.
- 스피네커를 가이로부터 떼어낸다. 필요하다면 스냅 샤클이나 트립핑 라인에 닿도록 폴을 낮추어라.
- 스피네커가 떨어지면 빨리 시트를 잡아 당겨 넣는다. - 스피네커가 풍하로 큰 깃발처럼 흐를 것이다. 시트를 빨리 당겨야 한다.
- 핼야드는 빠르게 그리고 조절을 하면서 풀어 내려야 한다. 동시에 스피네커를 당겨서 붐 아래로 또는 해치 아래로 집어넣는다. 다음에도 올릴 수 있도록 정리하고 준비하라.

주의

시트를 잡을 때는 가능한 스피네커에 가까운 곳을 잡고 리치를 따라 길게 길게 잡아 당겨라. 세일의 꼭대기에 가까워지면, 이제는 세일의 가운데 부분 쪽을 당길 수도 있을 것이다.

스피네커가 가이에서 떨어지기 전 그리고 크루가 세일을 당길 준비가 되기 전에는 절대 핼야드를 놓지 마라.

스피네커를 내리는 다른 방법들이 있지만 크루징 요트인들에게는 이 방법이 가장 안전하다. 또한 이 방법은 바람이 옆에서 들어 올 때도 사용할 수 있다.

스피네커 내리기

핼야드를 풀고, 붐 아래로 나아가 햇치 밑으로, 스피네커를 가능한 빨리 잡아당긴다.

포스테이 부근까지 폴을 놓는다. 느슨한 시트를 모두 당기고 가이로부터 스피네커를 떼어낸다. 이제 스피네커는 깃발처럼 풍하로 흐를 것이다. 27

주의

가이를 털어 낼 때 스피네커가 풍만하게 가득 차 있으면, 폴이 갑자기 튕겨 올수 있다는 점에 주의하라. 이는 하중에 많이 걸린 가이의 탄성에 기인한 것이다. 케블라가 그 효과가 가장 작다.

가이를 털어 낼 때는 항상 풍하 쪽에 있거나 스피네크 폴 아래에 있어라!

만약 실패해서 스피네커가 물에 빠져버리면, 핼야드를 완전히 풀어버려야 한다. 정지 매듭(Stop knot)을 자르고 핼야드가 마스트와 배로부터 완전히 빠져나가도록 하라.

그러면 스피네커가 시트에만 연결이 되어 마치 죽은 물고기처럼 보트 뒤에 끌려올 것이다. 보트로 모든 것을 잡아당겨라. 이렇게 하기 위해 바람 속으로 헤드업 해서 보트의 속도를 늦춰야 할 수도 있다.

제네커[24)]

제네커(또는 **비대칭** 스피네커)는 스피네커의 실질적인 대안이다. 택은 선수에 고정되고 바람이 옆의 앞에서 들어올 때 제노아처럼 트림한다. 바람과 함께 런닝할 때는 폴, 시트 가이와 함께 스피네커처럼 세팅할 수 있다. 또한 스피네커처럼 풍상 쪽에 폴을 걸 수 있다.

제네커는 제노아보다 크지만 스피네커보다는 작다. 클루가 높이 올라가는 세일로 폴을 사용할 필요가 있기 전까지 빔의 앞, 뒤에서 들어오는 바람에 잘 세팅된다.

주의

스피네커처럼 런닝으로 세팅하려면 택을 폴에 그리고 클루를 시트에 붙이면 더 좋을 것이다.

제네커 세팅하기

- 세일백을 선수 쪽에 묶는다.
- 0.5미터의 줄로 택을 선수에 연결한다.[25)]
- 시트는 느슨한 상태에서 세일을 가능한 재빠르게 올린다.
- 제네커가 풍만하게 가득 찰 때까지 시트를 당긴다.

제네커 자이빙하기

- 클루에서 포스테이의 앞 쪽을 둘러 다시 반대편 선미 블록과 윈치로 연결되도록 시트를 준비해 둔다.
- 데드런으로 베어한다.
- 제네커가 깨 질 때까지 시트를 풀어준다.

24) ORC에서는 제네커를 비대칭 스피네크(Asymmetric spinnaker)라고 한다. 대칭 스피네커(Symmetric spinnaker)는 통상의 스피네커를 말한다.
25) 바우스프릿(Bowsprit)이 없는 경우이다. 바우스프릿이 있는 경우는 택 라인(Tack line)이 바우스프릿 맨 앞쪽 블록을 통해 스핀의 택에 연결된다.

- 제네커를 뒤집어 지듯 반대 방향으로 넘긴다 (시트를 제네커 바깥쪽으로 돌린 경우, 그림 29 참고).
- 세일이 가득 찰 때까지 시트를 당긴다.

주의

제네커에 시트를 연결할 때 제네커 앞쪽으로 돌리는 방법과 뒤쪽으로 돌리는 방법 두 가지가 있다. 두 방법 모두 시트는 포스테이 앞을 지나야 한다. 제네커 안쪽으로 돌리는 경우는 제노아처럼 자이빙할 수 있다(시트를 제네커 안쪽으로 돌린 경우, 그림 31 참고).

29

30

제네커 내리기

- 선수의 택을 풀어준다.
- 제네커 시트를 재빨리 당긴다.
- 데드런으로 베어한다. 매인을 당겨 살짝 안으로 넣는다.
- 핼야드는 빠르게 그리고 조절을 하면서 풀어 내린다. 동시에 제네커를 당겨서 붐 아래로 또는 해치 아래로 집어넣는다. 다음에도 올릴 수 있도록 정리하고 준비하라.

주의

스피네커를 내릴 때와 같은 기술을 사용한다. 시트를 잡을 때는 가능한 제네커에 가까운 곳을 잡고 리치를 따라 길게 길게 잡아 당겨라. 세일의 꼭대기에 가까워지면, 이제는 세일의 가운데 부분 쪽을 당길 수도 있을 것이다.

리칭을 할 때는 제네커의 택을 상대적으로 덱과 가깝게 하라. 런닝에서는 세일을 블루퍼(Blooper)나 빅보이(Bigboy)[26]처럼 세팅하라. 택 콘트롤 라인과 핼야드를 살짝 풀어서 최대한 메인으로부터 떨어지게 해서 깨끗한 바람 속으로 들어가게 하라.

26) 데드런에서 대칭 스피네커를 풍상 쪽으로 당기면 보트에 힘의 불균형이 생겨 자칫 브로칭이 될 수 있다. 이 힘의 불균형을 만회하기 위해(기존 스피네커에 추가로) 풍하 쪽에 비대칭 스피네커를 올린다. 이 세일을 블루퍼 또는 빅보이라고 한다. 물론 추가 속력도 얻을 수 있을 것이다.

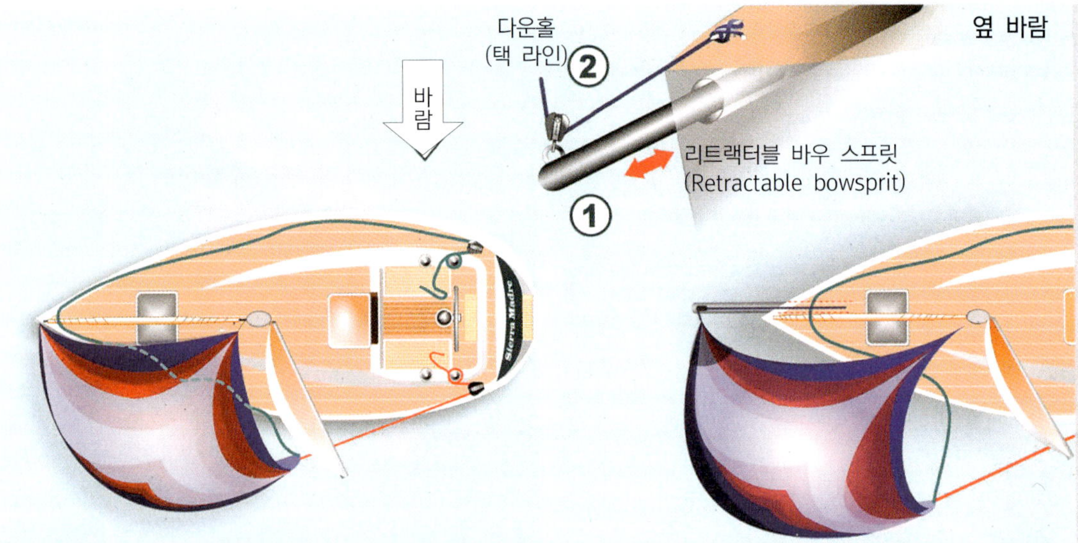

옆바람에 대해 제네기가 세팅되었다. **스타보드 시트**가 포스테이 **앞**을 지나 **클루**에 연결되어 있는 것에 주의하라. **자이빙**할 때 세일을 반대편으로 옮기는 것이 수월할 것이다. 옆바람에서는 제네커의 러프를 직선으로 만들기 위해 다운홀(2)을 제법 타이트하게 당겨야 한다.

요즘은 많은 요트에 고정식 또는 **리트랙터블 바우스프릿**(1)이 장착되어 있다. 이로 인해 제네커는 메인으로부터 더 멀리 떨어질 수 있고, 바람이 상당히 뒤에서 들어오더라도 세일을 더 오랫동안 풍만하게 할 수 있다. 그리고 다운홀을 살짝 더 놓아 준다(2).

31

스피네커/제네커 쏙/스너퍼(Sock/snuffer)

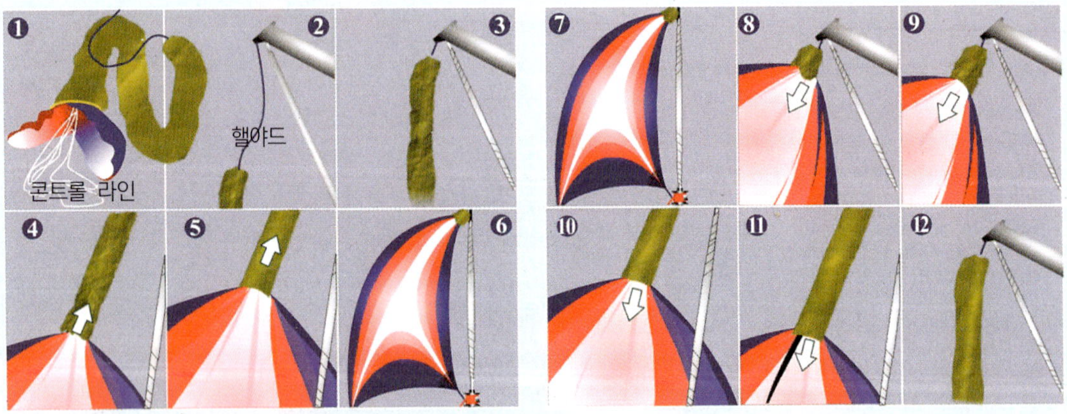

스피네커 쏙 또는 스너퍼는 스피네커나 제네커를 올리고 내리는 것을 더 쉽게 해준다. 미리 준비해둔 전체 "소세지"(1)에 헬야드와 시트를 걸고 올린다(2-3). 콘트롤 라인을 당기면 쏙이 벗겨지고 세일 꼭대기에 뭉치게 된다(4-6).

세일을 집어넣을 때는 시트나 택을 풀어주고 콘트롤 라인의 다른 쪽을 당기면 쏙이 내려오면서 세일이 들어간다(8-12). 그러면 "소세지"를 쉽게 내릴 수 있게 된다. 쏙을 사용하더라도, 세일을 메인의 풍하에서 올리고 내리는 것이 좋은 습관이다.

32

리그 튜닝(Rig Tuning)

올바르게 튜닝 된 리그가 중요하다. 좋지 않게 튜닝 된 리그는 느리고, 낮게 포인팅하며, 더 기울어지고, 리웨이도 커지며 나아가 조종하기도 더 힘들어 진다.

어떤 클래스[27]에 따라 극적인 변화를 주기도 한다. 크루의 피로를 줄이고 스키퍼의 선택지를 넓히며 그들의 명성을 드높일 수 있다. 보트의 가치는 올라가고 극단적인 상황에서 더 안전해진다.

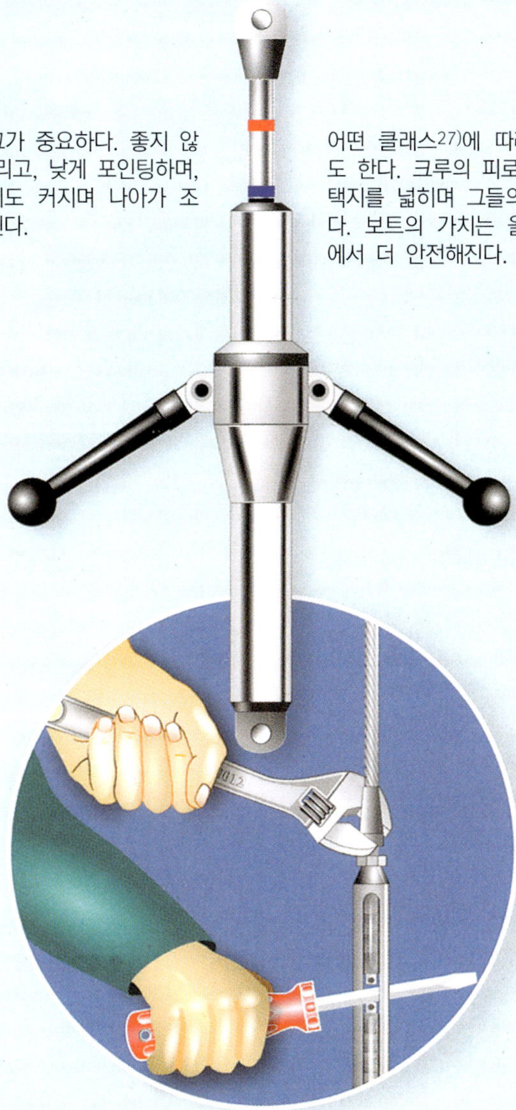

27) 똑같은 보트들로 구성된 선단 또는 협회(예, 옵티미스트 클래스, classe mini, J70 클래스 등)

리그 종류

세계에서 가장 많이 사용되는 리그는 버뮤다 리그이다. 이 리그는 두 개의 그룹으로 나눌 수 있다. 마스트헤드 리그와 프랙셔널 리그이다.

마스트헤드 리그

- 안정적이며 상대적으로 튜닝하기 쉽다.
- 프랙셔널 리그보다 튜닝하기 어렵다.
- 헤드세일이 더 크고 더 많으며 메인이 상대적으로 작다.

프랙셔널 리그

- 마스트헤드 리그보다 튜닝하기 쉽다.
- 메인이 큰 반면 헤드세일이 작고 적다.
- 좋은 튜닝을 하는데 그리고 좋은 튜닝 상태를 유지하는데 더 집중해야 한다.

리그 튜닝에서 세 가지 면을 생각하라.

- 옆 방향으로 리그를 트림한다.
- 앞 뒤 방향으로 리그를 트림한다.
- 세일이 있는 상태에서 마지막 튜닝을 한다.

옆 방향 마스트 곧바로 하기

- 마스트가 바로 설 때 까지 캡 슈라우드를 조정한다.
- 양쪽에서 똑같은 정도로 캡 슈라우드를 조인다.

보트가 바로 서 있고 바람이 약한지 확인한다. 마스트를 보트에 세우고 제법 곧바르게 서 있을 때까지 캡 슈라우드, 백스테이, 포스테이를 가볍게 조인다.

주의

킬 스텝*) 마스트이면 마스트 링에 아직 쵸크를 끼우면 안 된다. 자세한 것은 그림 10-12를 참고하라.

붐이 장착되어 있으면 토핑 리프트를 풀어 붐을 덱 위에 놓는다. 이 때, 아래 슈라우드와 안쪽 포스테이(베이비 스테이)를 느슨하게 해야 한다.

두 개의 기준점을 찾아라. 예를 들면 토 레일이나 보트의 양쪽 덱 모서리 같은 대칭이 되는 지점이 있다. 덱 레벨에서 마스트로부터 이 지점까지의 거리가 같은지 확인하라. 그리고 핼야드로 거리를 계측하라.

거리가 다르면 거리가 긴 쪽의 리깅 스크류를 조인다. 두 거리가 같아지면 마스트는 똑 바로 선 것이다.

많은 요트인들이 이 작업을 눈으로 확인한다. 충분하기는 하지만, 똑바로 서있는 보트에서 가능 하다. 보트가 대칭이면 핼야드로 확인하는 것이 더 낫다.

마지막으로 각 리깅 스크류를 똑같은 수의 회전으로 캡 슈라우드를 조여라. 그리고 핼야드로 계측을 다시 하라.

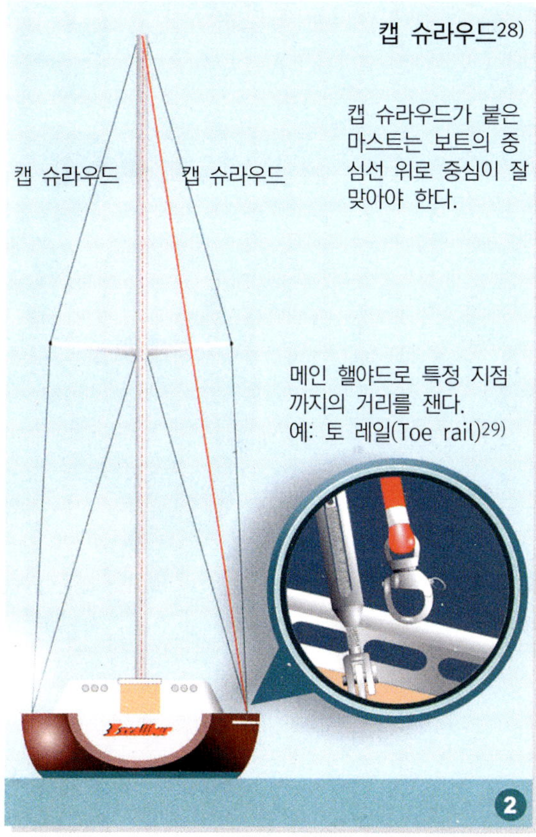

- 캡 슈라우드는 상단 슈라우드(Upper shroud)라고도 한다.
- 포스테이는 해드스테이(Headstay)라고도 한다.
- 런닝 백스테이는 런너(Runner)라고도 한다.

28) 설계자들은 D1(Diagonal, 1번 대각 슈라우드)이라는 말을 쓴다.
29) 선미 모서리까지의 거리를 재기도 한다. 선체에 변형이 있으면 잘 못 계측될 수 있다는 점에 주의하라.
*) 마스트가 킬 위에 놓인다.

앞 뒤 방향 튜닝

마스트 레이크 조정하기

마스트는 보통 약간 선미 쪽으로 기울어지게 세팅되고 이것을 마스트 레이크(Mast rake)라고 한다. 보트의 풍상 성능을 향상시킨다. 마스트 레이크는 보통 1°~ 3°에 있다. 다음과 같이 마스트 레이크를 조정하라.

- 배를 꼭 바로 세워라.
- 그림 3의 b 값을 계측하라.
- 포스테이와 백스테이의 리깅 스크류를 조정하여 적절한 레이크를 세팅하라.

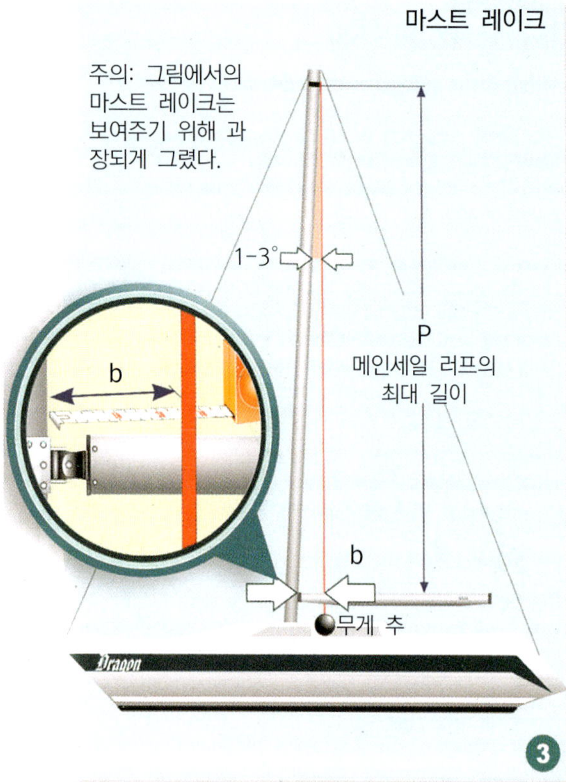

주의:

프랙셔널 리그 : 레이크를 조정할 때 백스테이 보다는 런닝 백스테이를 사용하는 것이 낫다.

전형적인 세팅(경기용 요트에서는 더 높은 값):

마스트헤드 리그	0.5°-1°, b=0.9-1.75 cm/m
프랙셔널 리그	2°-3°, b=3.5-5.25 cm/m

예) P=12 m의 프랙셔널 리그.

그러면 b=12×5.25=63 cm를 얻는다. 또는 도표에서 b(=63 cm)을 찾을 수 있다.

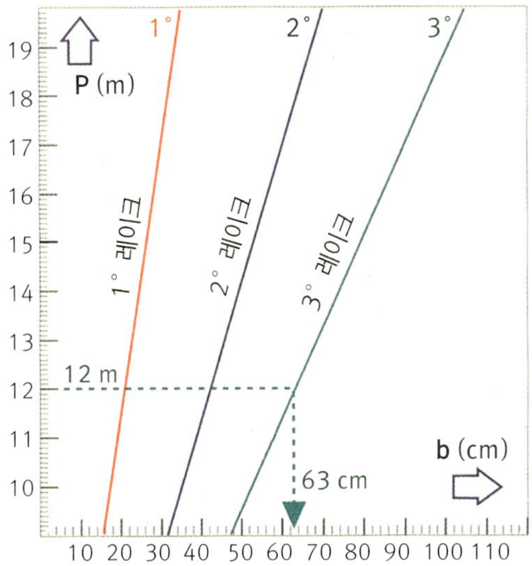

여러 레이크에 대해 거리 b는 P의 함수이다.

주의

포스테이의 길이가 마스트 레이크를 결정한다.

백스테이 텐션은 마스트 레이크에 큰 영향을 끼치지 않는다. 마스트헤드 리그의 경우 백스테이의 텐션은 주로 포스테이의 처짐을 조절한다. 프랙셔널 리그에서는 런닝 백스테이(런너)가 그 역할을 한다.

런너가 없는 프랙셔널 리그에서는 캡 슈라우드가 주로 처짐을 결정한다.

주의

마스트 레이크가 많을수록 웨더 헬름이 더 생긴다.

백스테이 텐션

최대 허용 백스테이 텐션은 무엇인가?

보트 설계자들은 종종 스테이의 파괴하중(최종 하중)의 30-40%를 최대 허용 텐션으로 잡는다. 충격하중에 대비한 적절한 안전율을 가지게 하는 것이다.

마스트 레이크를 조정하고 나서 백스테이를 타이트하게 한다. 그리고 다음 페이지에 있는 방법으로 파괴하중의 30%에 맞추어 백스테이를 당긴다(늘어나는 길이 f=6 mm에 해당한다). 그러면 이제 **최대 백스테이 텐션** 상태에 있다. 리깅 스크류나 백스테이 텐셔너에 표시해 두라.

f=4 mm가 될 때까지 백스테이를 놓아 준다. 그러면 백스테이는 이제 최대의 2/3의 텐션 상태에 있다. 마스트 레이크를 다시 확인한다. 백스테이 텐션은 최대의 2/3로 유지하면서 필요한 마스트 레이크가 될 때까지 포스테이와 백스테이를 서로 반대로 하여 리깅 스크류 텐션을 변경한다.

런너가 있는 프랙셔널 리그에서는 마스트 레이크를 확인하고 조정할 때 백스테이 대신 런너에 텐션을 가해야 한다는 점을 기억하라.

백스테이와 뒤로 향하는 스프레더를 사용하는 프랙셔널 리그에서, 최대 백스테이 텐션은 최대 마스트 벤딩으로 제한된다. 최대 벤딩은 메인세일의 형상에 달려 있다(109~110페이지 참고).

만약 당신의 보트에 조정 가능한 백스테이 텐셔너가 없거나 또는 세일링 중에 백스테이 조정을 하고 싶지 않을 때는, 하버에서 리그 튜닝을 마치고 나서 최대의 2/3로 스테이에 텐션을 주라. 백스테이의 텐션을 영구히 2/3로 놔둘 수 있다.

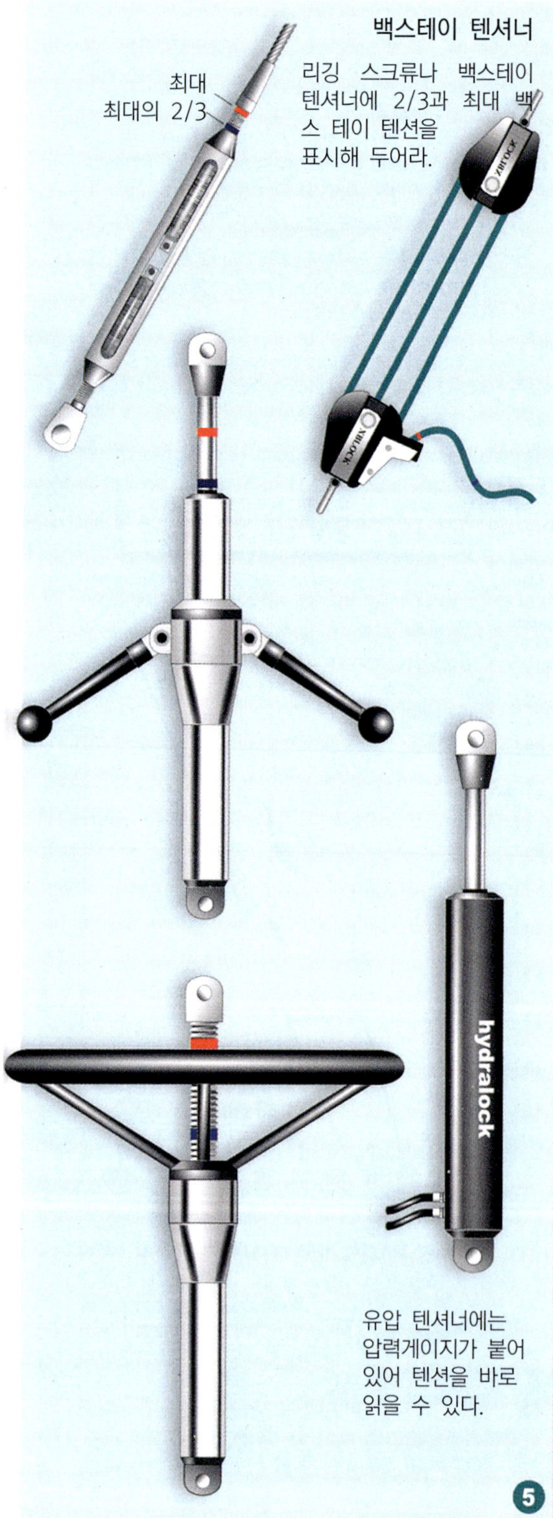

보트가 계류되어 있을 때는 리그 텐션을 풀어주는 것이 가장 좋다. 그러나 잘 만들어진 배는 제법 오랜 시간동안 텐션이 걸린 리그의 하중을 견딜 수 있다.

원하는 튜닝을 유지하기 위해 지속적으로 리그를 타이트하게 해야 한다면, 선체가 하중 때문에 변형이 올수도 있다. 그렇게 될 것 같으면 모든 리그의 텐션을 풀고 전문가의 자문을 얻는게 좋다.

최대 백스테이 텐션을 찾는 다른 방법으로 보트를 20° ~ 25° 정도 경사가 되도록 중풍에 큰 제노아를 사용하여 풍상 범주를 해보는 것이 있다.

선미를 향해 선수에 서서 포스테이를 따라 쳐다보라. 크루가 백스테이를 느슨하게 하면 처짐이 커지는 것을 볼 수 있을 것이다. 그리고 당겨도 처짐이 더 이상 줄어지지 않을 때까지 백스테이를 당기기 시작하라. 이것이 최대 백스테이 텐션을 나타내는 것이다. 이 방법은 덜 정확하지만 앞의 방법보다는 많이 간단하다.

와이어와 로드(Rod) 텐션주기

리그를 올바르게 트림하려면 슈라우드와 스테이의 텐션에 대한, 최선책이거나 아니면 아래처럼 보다 정확한 방법 같은, 어떤 생각이 있어야 한다. 여기서는 와이어가 늘어나는 것은 백분율로 계측하는 방법으로, 와이어나 로드의 **파괴 하중**의 백분율로 텐션을 준다.

와이어 전체 또는 와이의 일부분, 예를 들어 2 m의 늘어나는 정도를 계측한다. 샘플길이를 사용하면 정확도가 향상된다. 와이어의 최소 텐션으로부터 시작한다. 캡 슈라우드를 예로 들면:

- 슈라우드 터미널을 기준으로 하여 한 쪽 캡 슈라우드에 2 m 길이를 표시한다.
- 측정했던 길이에 대해, 리깅 스크류를 하나씩 조금씩 타이트하게 하면서, 늘어난 길이(f)를 계측한다. f=3 mm가 되었을 때 멈춘다(선미로 향하는 스프레더가 있는 프랙셔널 리그의 경우는 4 mm).

샘플 길이 2 m에 대한 f=1 mm는 와이어의 직경과 상관없이 파괴하중의 5%에 해당한다.

주의

로드(Rod)의 경우, 2 m에 대한 f=1 mm는 파괴 하중의 7.5%에 해당한다.

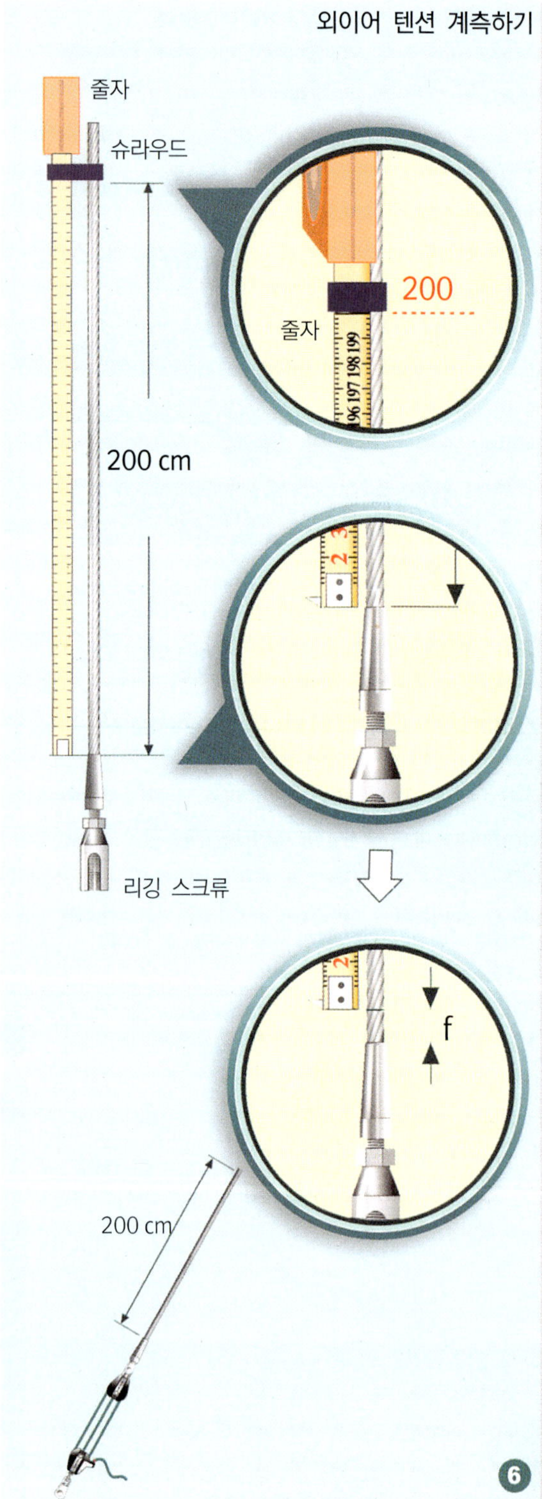

비슷한 방식으로 백스테이 텐션을 준다. 같은 하중에 대해서 다른 샘플 길이를 사용하면 다른 f가 발생한다는 점을 기억하라.

1 m 와이어 샘플:

- 0.5 mm f는 파괴하중의 5%를 뜻한다.
- 1.0 mm f는 파괴하중의 10%를 뜻한다.
- 1.5 mm f는 파괴하중의 15%를 뜻한다.

2 m 와이어 샘플:

- 1.0 mm f는 파괴하중의 5%를 뜻한다.
- 2.0 mm f는 파괴하중의 10%를 뜻한다.
- 3.0 mm f는 파괴하중의 15%를 뜻한다.

로드 리깅은 하나의 가닥으로 된 굵은 리깅을 말한다. 와이어 리깅은 여러 개의 꼬인 가닥으로 만들어져 있다. 보통 로드 리깅은 같은 직경일 때 와이어 리깅보다 20% 정도 더 강하다.

와이어는 가닥이 끊어 질 때 피로파괴를 일찍 경고해 주는 장점이 있다. 로드의 피로파괴는 아무런 경고 없이 일어난다. 급작스럽고 참사에 가깝다.

2 m 로드 샘플:

- 1.0 mm f는 파괴하중의 7.5%를 뜻한다.
- 2.0 mm f는 파괴하중의 15%를 뜻한다.

f는 **항상** 와이어/로드의 **최소 텐션**으로부터 계측해야 한다는 점을 기억하라.

캡 슈라우드 텐션 주기

옆 방향에 대해 마스트를 일직선이 되도록 했고 레이크를 조정했다면 캡 슈라우드를 살펴볼 차례다.

캡 슈라우드를 파괴하중의 15%에 맞추어 당긴다. 앞 페이지에서 보았듯이 2 m 길이에 대해서 여기에 해당하는 f는 3 mm이다

선미로 기울어진 스프레더가 있는 프랙셔널 리그에서는 파괴하중의 20%에 맞추어 당긴다. 여기에 해당하는 f는 4 mm이다.

런너가 없는 이런 리그에서는 포스테이를 타이트하게 유지하기 위해 높은 캡 슈라우드 텐션을 줘야 한다(115~116페이지).

풍상에서 과도한 포스테이 처짐을 막기 위해 캡 슈라우드에 상대적으로 높은 텐션을 준다.

만약 20% 캡 슈라우드 텐션이 적절한 수준의 처짐을 유지하는데 충분하지 않다면, 텐션을 파괴하중의 25%까지 올린다. 이 텐션을 넘기면 안 된다.

느슨한 리그는 충격하중을 발생시킬 수 있기 때문에, 리그의 파손 심지어 마스트의 파손을 유발할 수 있다.
손 공구를 이용해서는 40-50 cm 길이의 와이어에 과도한 텐션을 줄 수 없다는 점에 유의하라(그림 8).

주의

딩기와 같은 작은 보트에서는 그렇지 않을 수 있기 때문에 충분한 훈련이 되어야 한다.

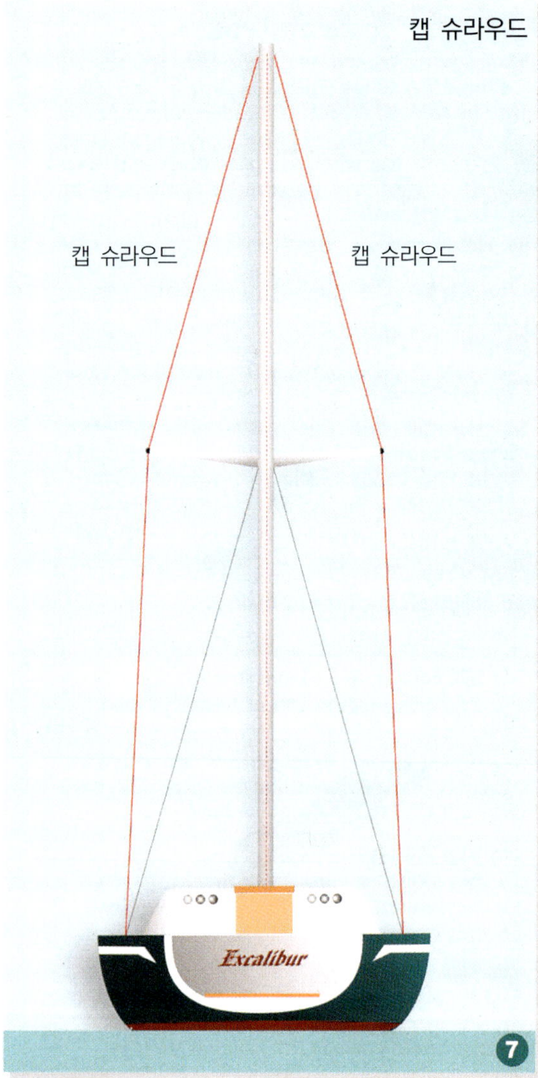

7

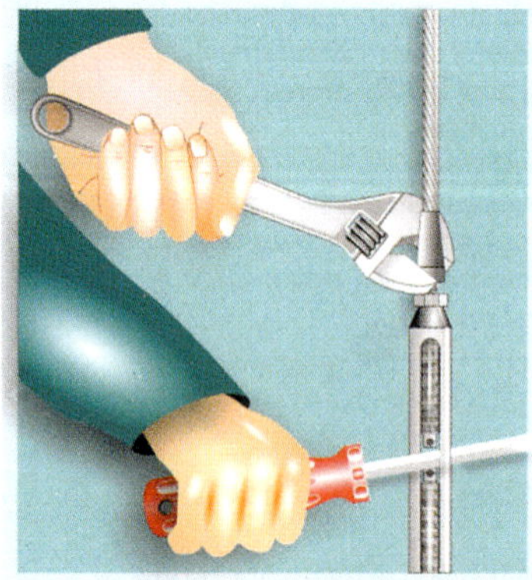

예) 1×19 스테인리스 스틸 와이어의 파괴 하중(kg)

직경	파괴하중
3 mm	800
4 mm	1400
5 mm	2200
6 mm	3200
7 mm	4400
8 mm	5700
9 mm	7200
10 mm	9000
11 mm	10900
12 mm	13000

1 kg = 2.205 lb(= 9.81 N)

8

이 단계에서 하단 슈라우드와 중간 슈라우드는 제법 느슨한 상태여야 한다. 만약 마스트의 벤딩이 보이면, 눈으로 확인하면서 텐션을 가해 바로 편다.

많은 요트인들이 직관적으로 스탠딩 리깅에 텐션을 주며 나중에 세일링이 시작되었을 때 조정을 한다.

이렇게 하면 그런대로 괜찮은 결과를 얻을 수는 있어도, 위의 방법이 시간은 좀 걸리더라도, 확실하고 믿을 만하다(131~132페이지의 프리-텐셔닝을 참고).

마스트의 프리 벤딩(Pre-bending)

세일링할 때 마스트의 앞 뒤 벤딩을 조정함으로써 여러 바람 세기와 방향에 대해 메인세일의 튜닝이 가능해 진다. 종종 마스트를 미리 굽히는데(프리 벤딩, Pre-bending) 이는 마스트가 앞으로 굽는 것을 막으며 마스트를 더 쉽게 굽힐 수 있게 하고 나아가 튜닝하는 동안 굽는 정도를 조정할 수 있기 위함이다.

마스트 벤딩은 앞서 이야기 했듯이, 바람이 세어질 때 메인세일의 위쪽 반을 편평하게 하고 설계된 메인세일의 형상에 맞게 조절하기 위함이다.

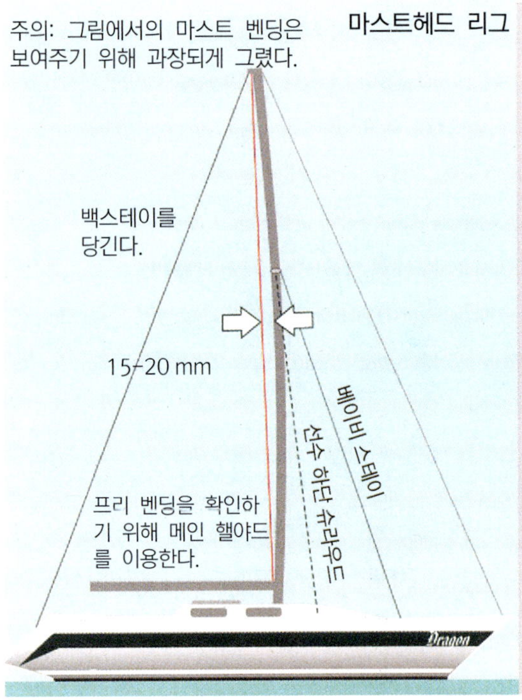

마스트헤드 리그

킬 스텝 마스트의 프리 벤딩은 마스트 굽(Heel) 그리고/또는 웨지를 사용하여 줄 수 있다(그림 10 -12). 그렇게 하기 싫으면, 웨지를 집어넣고 나서, 베이비 스테이나 선수 하단 슈라우드를 당겨 원하는 프리 벤딩을 만들 수 있다.

마스트 벤딩이 15-20 mm가 될 때까지 당겨라. 메인 핼야드를 이용하여 벤딩을 확인하라.

주의

선수 하단 슈라우드를 당길 때는 슈라우드가 옆 방향으로 직선인지 확인하라. 이 단계에서 선미 하단 슈라우드는 느슨하게 해야 한다.

프랙셔널 리그

리그에는 두 가지 종류가 있다. 하나는 런너가 없는 스윕 스프레더(Sweep spreader) 리그, 다른 하나는 마스트를 지지하는 런닝 백스테이가 있는 일직선 스프레더(In-line spreader)이다.

런너가 없는 스윕 스프레더가 있는 프랙셔널 리그

캡 슈라우드에 파괴하중의 20%로 텐션을 주면 (115~116페이지), 마스트는 스프레더 위치에서 앞쪽으로 굽는다. 원하는 프리-벤딩이 생길 때 까지 하단 슈라우드를 조정하라.

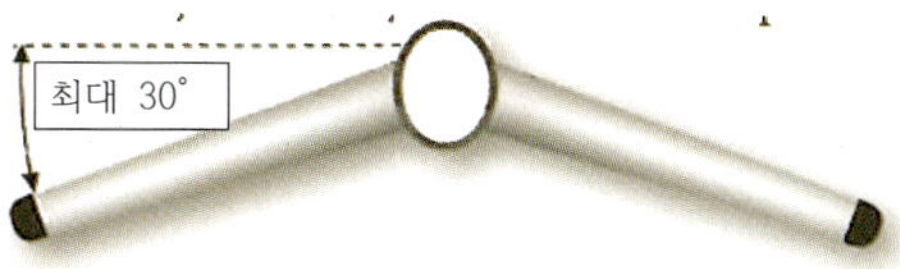

런너와 일직선 스프레더가 있는 프랙셔널 리그

마스트헤드 리그과 같은 방법으로 프리-벤딩을 조정한다. 프리-벤딩을 조정하는 동안 런너를 타이트하게 유지한다.

프리-벤딩은 완전히 메인세일의 형상에 의존하기 때문에 정확한 값을 말하기는 어렵다. 다만 비슷한 값들만 주어지게 된다. 세일메이커나 보트 설계자와 상의하라.

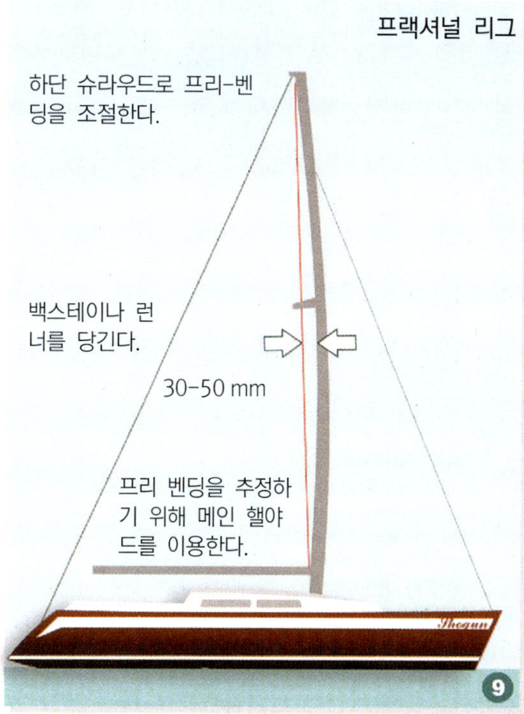

킬 스텝 마스트

마스트가 옆 방향에 대해 수직이고 올바른 레이크로 세팅되기까지, 마스트 링(또는 파트너)에 끼워 넣는 모든 웨지나 쵸크를 제거한다.

이제 힘을 줘서 마스트를 살짝 굽힐(프리-벤딩) 수 있는데 마스트 스텝을 뒤로 옮기던지 아니면 마스트 링에 두꺼운 웨지를 끼워 넣으면 된다. 또는 이 두 방법의 조합으로 해도 된다.

마스트가 마스트 링에서 움직이는 걸 막기 위해 웨지가 필요하다. 나무 마스트의 경우 나무 웨지를, 알루미늄 마스트의 경우 고무 웨지를 사용해서 훼손을 방지한다.

항상 **뒤쪽 웨지**를 먼저 끼워 넣어라 그리고 덱에서 20-24인치(50-60 cm) 위에 시트를 걸고 윈치에 연결한 후, 뒤쪽으로 당겨 앞쪽 웨지가 들어갈 수 있도록 하라. 윤활제를 사용하면 일하기가 더 수월할 것이다.

덱 아래에서 마스트가 살짝 앞으로 기울도록 튜닝해야 한다. 이는 마스트 꼭대기 까지 편평한 곡선을 얻기 위함이다. 1°가 적당할 것이다.

백스테이에 최대 텐션이 걸렸을 때 마스트 포스테이 피팅으로부터 마스트 링의 중심까지의 가상선 뒤에 마스트 힐이 있어야 한다. 이 거리(a)는 마스트 힐부터 마스트 링까지의 높이(h)에 대해 약 15 mm/m로 한다. 최대 마스트 벤딩(b)는 H나 I의 2%를 절대 넘기면 안 된다(그림 12).

튜닝 로그(Tuning log)

당신이 하고 있는 모든 조절에 대해 표시하고 기록을 해두는 것이 매우 유용하다. 그러면 실수를 덜 하게 될 것이고 다음 해에 시간을 줄일 수 있다. 지금까지 한 세팅을 잊지 않고 나아가 여러 실험을 할 수 있다. 당신의 배에 변화를 주면 어떻게 반응하는지에 대한 이해도 늘릴 수 있다.

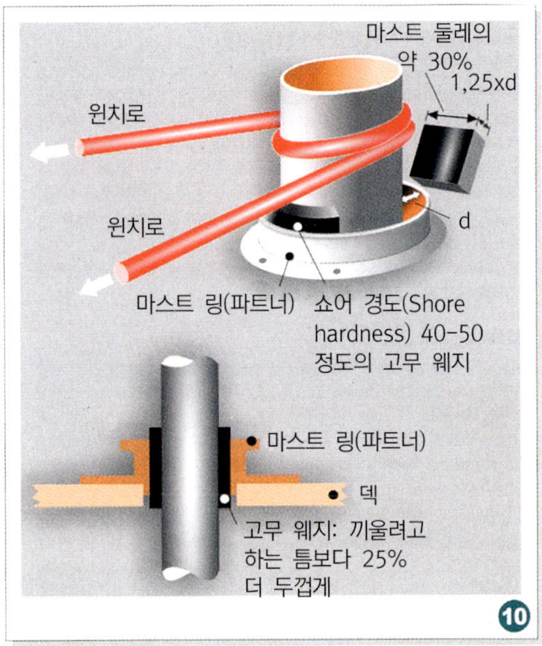

10

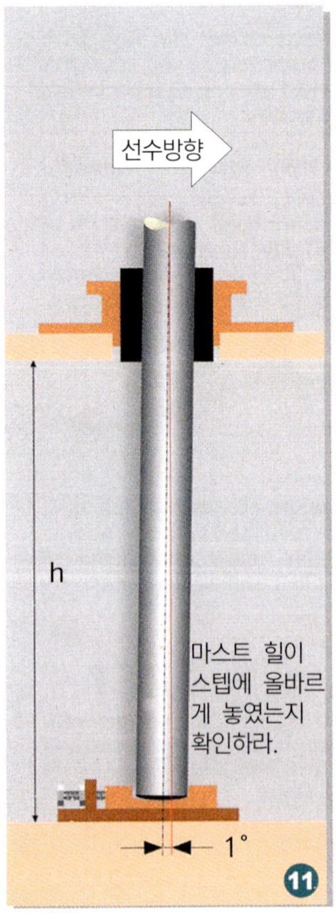

11

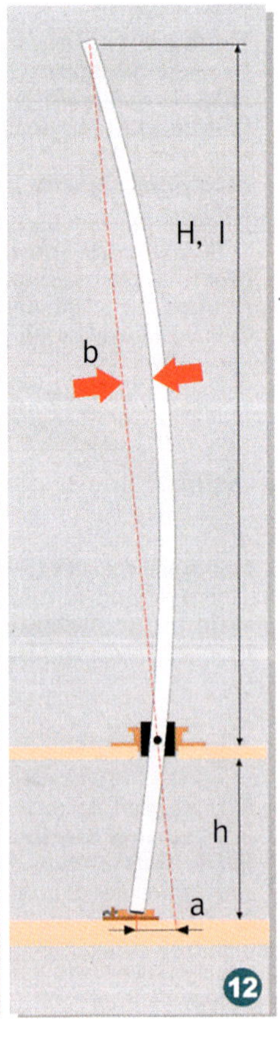

12

최대 마스트 벤딩

마스트헤드 리그의 마스트 벤딩 확인하기

- 백스테이를 최대 마크까지 당긴다. 마스트 벤딩은 마스트의 앞/뒤 직경(D)의 약 50%가 될 것이다. 그러나 H(덱 위에서의 전체 마스트 높이)의 2%는 절대 넘기지 마라.

주의

많은 크루징 요트인들은 마스트헤드 리그를 최대한 직선으로 트림한다. 그러나 조금의 마스트 벤드가 종종 유리하다.

런너 없이 후방 스윕 스프레더가 있는 프랙셔널 리그의 마스트 벤딩 확인

- 마스트 벤딩이 약 1.5×D가 될 때까지 백스테이를 당기고 텐셔너에 최대라고 마킹한다.
  - **주의** : 마스트 벤딩은 I(덱에서부터 포스테이 피팅까지 거리)의 2%를 절대 넘기지 마라.

런너와 일직선 스프레더가 있는 프랙셔널 리그의 마스트 벤딩 확인하기

- 런너를 최대까지 당겨라. 마스트 벤딩은 약 1.5×D가 적절하다. I의 2%를 절대 넘기지 마라.

최대 마스트 벤딩의 정확한 값을 주기는 힘들다. 메인세일의 설계와 리그의 특징이 열쇠다. 보트 설계자, 세일메이커 또는 전문 리거의 조언을 구하라.

클래스 협회 또한 도움이 된다. 위의 값들은 전형적인 값으로 당신 보트에는 안 맞을 수도 있다.

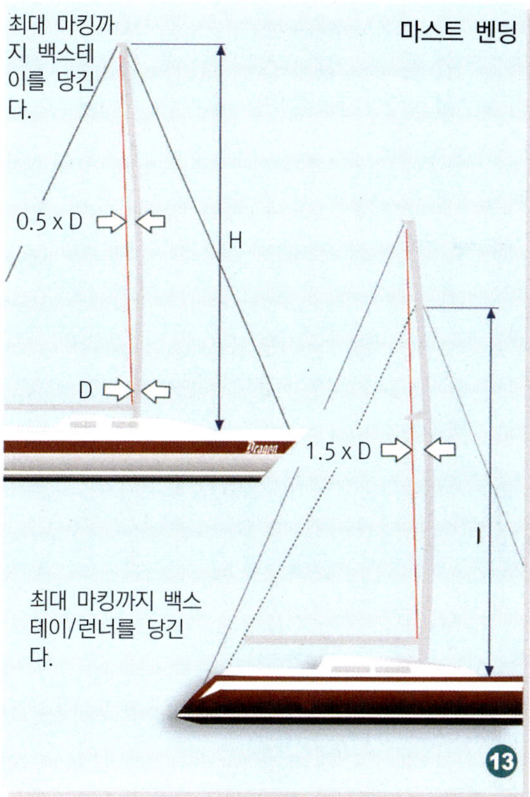

프랙셔널 리그

보통 **일직선 스프레더**로 되어 있는 전형적인 프랙셔널 리그는 런닝 백스테이(런너)를 사용해서 리그를 안정시킨다. 경기용 요트에서는 마스트 가운데와 아래에 **첵스테이**(Checkstay)를 사용하여 마스트 벤딩을 조절한다.

런너는 마스트헤드 리그의 백스테이와 같은 기능을 가지고 있다. 런너를 당기면 포스테이의 처짐이 줄어들고 마스트 벤딩으로 인해 메인이 편평해 진다. 프랙셔널 리그의 고정 백스테이는 무엇보다 자이빙 등으로 인한 리그 파손에 대비하기 위함이다.

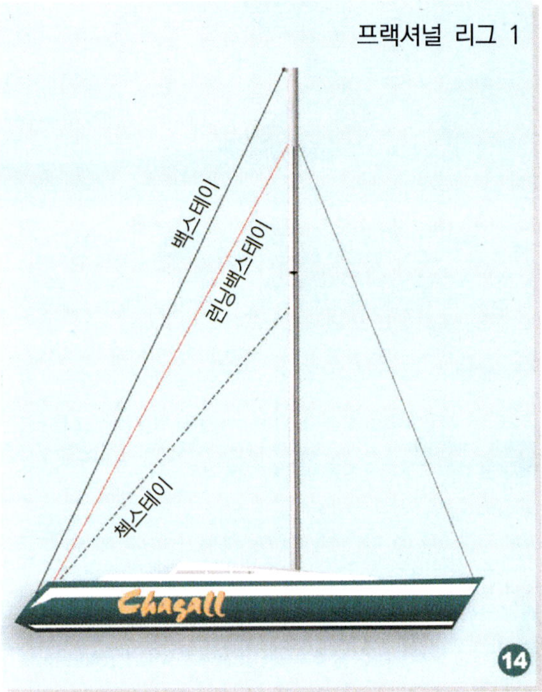

프랙셔널 리그 2

런너와 첵스테이가 없는 후방 스윕 스프레더

간단하고 인기 있는 리그이다. 스프레더가 뒤로 스윕되어 있어 런너가 필요 없다. 캡 슈라우드를 타이트하게 하면, 스프레더가 앞으로 밀려 앞/뒤 마스트 벤딩을 만든다. 이 프리 벤딩은 하단 슈라우드에 의해 제한되며, 하단 슈라우드는 또한 옆 방향 지지도 한다.

하단 슈라우드에 텐션을 더 가하면, 마스트는 더 직선이 된다. 상단 슈라우드를 더 타이트하게 하면 포스테이 또한 더 타이트하게 된다.

캡 슈라우드에 텐션을 주면, 포스테이 마스트 피팅이 덱 피팅으로부터 더 떨어지기 때문에 포스테이 텐션이 커진다. 그러면 캡 슈라우드, 포스테이 그리고 하단 슈라우드로 구성되는 프리 텐션 구성을 얻게 된다. 마스트 벤딩을 조절하기 위해 런너와 백스테이(만약 장착되었다면)를 사용할 필요가 없고 런닝할 때는 마스트 지지 점으로써도 필요가 없다.

이런 형태의 프랙셔널 리그의 문제점은 다양한 센 바람 상황에서 포스테이 텐션을 조절하기가 어렵다는 것이다. 바람이 거세지면 포스테이 텐션이 상대적으로 낮아지는 경향이 있어 처짐이 커진다. 풍상 성능이 나빠질 것이다.

이것을 보완하기 위해서, 다른 리그 형태보다 캡 슈라우드에 텐션을 더 줘야 할 수 있다. 파괴하중의 20%까지 캡 슈라우드에 프리 텐션(Pre-tension)을 주는 것이 바람직 할 수 있다(프랙셔널 리그의 경우 캡 슈라우드라는 용어가 그리 적합하지 않다. **상단 슈라우드** 또는 **탑 슈라우드**라고 하는 게 더 정확하다.).

이런 것들 때문에, 후방 스윕 스프레더가 있는 프랙셔널 리그는 완벽하게 튜닝하기가 힘든 리그이다. 이러한 간단하고도 인기 있는 리그는 작은, 가벼운 보트에 이상적이고 35피트 이상의 보트에는 덜 적당하다.

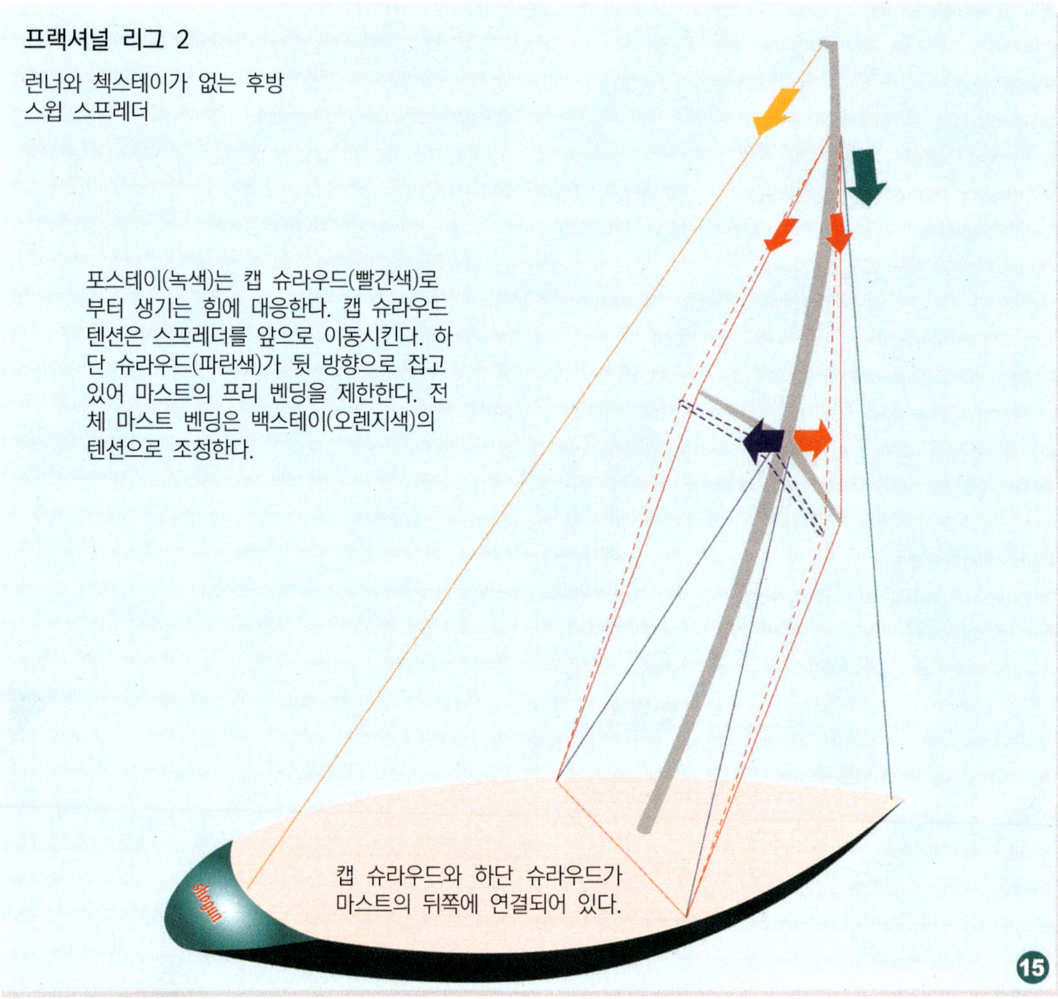
프랙셔널 리그 2
런너와 첵스테이가 없는 후방
스윕 스프레더
포스테이(녹색)는 캡 슈라우드(빨간색)로
부터 생기는 힘에 대응한다. 캡 슈라우드
텐션은 스프레더를 앞으로 이동시킨다. 하
단 슈라우드(파란색)가 뒷 방향으로 잡고
있어 마스트의 프리 벤딩을 제한한다. 전
체 마스트 벤딩은 백스테이(오렌지색)의
텐션으로 조정한다.
캡 슈라우드와 하단 슈라우드가
마스트의 뒤쪽에 연결되어 있다.
15

세일 하에서 튜닝

준비

옆 방향에 대해 마스트는 가운데 있으며, 마스트 레이크와 상단 슈라우드에 올바른 텐션으로 벤딩도 올바르게 되어 있어야 한다.

- ☐ 이 단계에서 **하단** 슈라우드는 손으로만 조인 것이어야 한다.
  - **주의** : 두 세트의 하단 슈라우드가 있으면 상대적인 텐션으로 인해 마스트 벤딩에 영향을 끼친다. 앞쪽 하단을 뒤쪽 하단보다 더 타이트하게 해야 한다. 뒤쪽 하단은 세일 세팅 전에는 제법 느슨해야 한다.
- ☐ 중간 슈라우드를 하단보다 더 타이트하게 손으로 당긴다. 그러나 캡 슈라우드 보다는 덜 타이트하게 한다.
- ☐ 백스테이를 최대 텐션의 2/3으로 당긴다.
- ☐ 세일 하에서 튜닝을 시작하기 전에 리그 스크류를 테이프로 임시 고정한다.

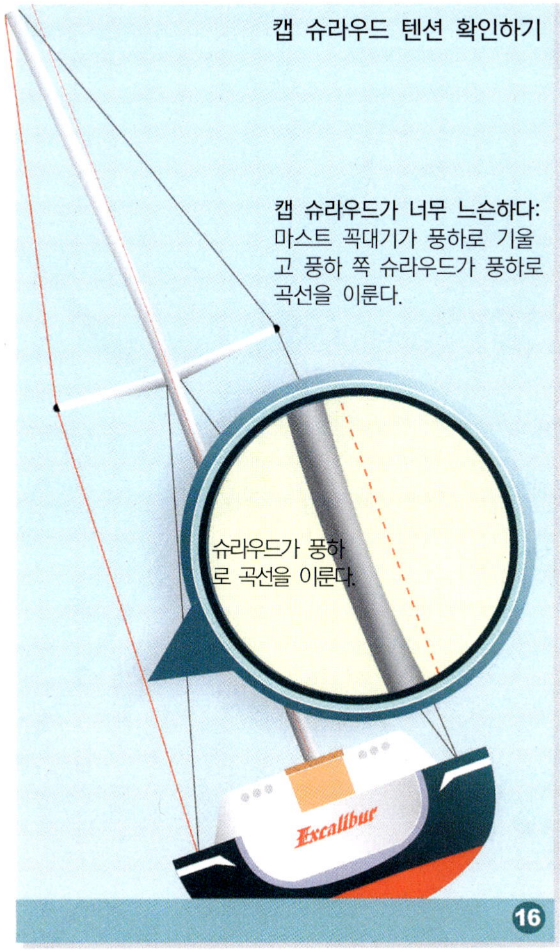

다음의 튜닝은 배가 20-25° 정도 기울어지는 바람에서 해야 한다. 바다가 거칠어지기 전에 모든 것을 끝내야 한다!

- ☐ 먼저 풍하 캡 슈라우드를 보면서 캡 슈라우드 텐션을 확인한다. 느슨하지 않도록 손으로 타이트하게 한다(그림 16).
- ☐ 덱에서 마스트 꼭대기 까지 옆 방향에 대해 마스트가 직선이 되도록 하단 슈라우드를 조정한다.

- 두 개의 하단 슈라우드가 있으면, 프리-벤딩이 변하지 않도록 뒤쪽과 앞쪽을 조정해야 한다. 그리고 마스트는 옆 방향에 대해서도 직선을 유지해야 한다. 앞쪽 하단은 마스트 벤딩을 강화하기에 뒤쪽 하단 보다 더 타이트해야 한다. 그러면 강풍에서 너무 많은 마스트 벤딩을 막을 것이며 하버에 들어오면 상대적으로 느슨하게 한다.
- 중간 슈라우드의 조정은 하단을 조정한 다음에 한다.

스프레더 확인

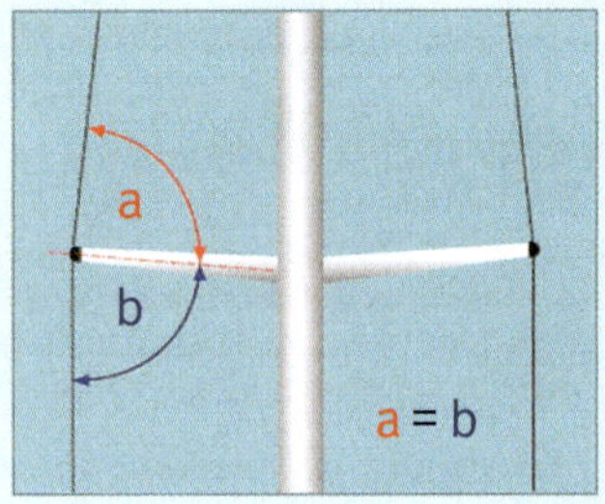

주의: 스프레더가 캡 슈라우드 각을 이등분 하는 것이 매우 중요하다. 종종 이 점을 놓치는데 마스트 손상의 원인이기도 하다. 올바른 위치에 놓인 스프레더는 팁이 제자리에 아주 단단히 고정이 되어야 한다. 17

캡 슈라우드 텐션 확인

캡 슈라우드는 양 쪽 모두에 똑같은 텐션을 주는 것으로 가정하였다. 풍하 쪽 캡 슈라우드의 텐션을 확인하라. 이제 느슨하지 않도록 손으로 타이트하게 한다.

너무 느슨하면 리깅 스크류를 한 바퀴 또는 최대 두 바퀴를 돌려 타이트하게 한다. 택킹한 후 반대편에도 정확히 똑같은 수로 돌려 타이트하게 한다(이제는 이쪽이 풍하 쪽이다). 적절해 질 때까지 조정을 반복한다.

풍하 캡 슈라우드가 완전히 느슨하면 안 된다.
풍하 쪽에 더 이상 곡선이 생기지 않을 때까지 타이트하게 하라.
주의 : 캡 슈라우드 조정이 마침내 끝났다.
분할 핀을 끼우고 테이프로 감는다.

옆 방향에 대해 마스트를 직선으로 만들기

풍상 쪽 메인 러프를 살피기 위해 마스트 트랙 가까이에 눈을 두고 본다. 붐부터 마스트 꼭대기까지 트랙을 따라 살펴보고 마스트가 끝까지 옆 방향에 대해 직선인지 확인한다.

만약 그렇지 않다면, 하단과 중간 슈라우드를 조정해야 한다. 이 조정은 다음 페이지에 있다.

주의

항상 풍하 쪽 슈라우드를 조정하라. 이는 하중이 걸리고 있지 않기 때문이다. 풍상 쪽 슈라우드를 조정하고 싶다면 택킹하고 조정하라 - 한 바퀴 또는 최대 두 바퀴이다. 그리고 다시 택킹해서 조정을 확인한다.

이후의 조정들

만약 리그 튜닝 이후에 웨더헬름이 많이 발생하면, 포스테이를 타이트하게 하여 마스트 레이크를 줄일 수 있다. 마스트헤드 리그에서는 여기에 대응하여 백스테이를 풀어줘야 한다. 또한 최대 백스테이 텐션 마크를 바꿔야 한다.

시간이 지나면 리그는 늘어날 것이고 따라서 주기적으로 재확인해야 한다. 새 리그는 몇 시간의 세일링 후 재확인을 해야 하는데 이는 최초 단계에서 제법 많이 늘어나기 때문이다.

언제든지 처음부터 다시 리그 튜닝을 할 수 있다. 즉, 하버에서 하는 조정부터이다. 만약 그렇다면 모든 스테이와 슈라우드를 풀고 마스트 링의 웨지도 빼고 그림 2의 모든 절차를 다시 시작한다.

마스트 트랙을 따라 살
펴서 마스트가 옆 방향
에 대해 직선으로 되어
있는지를 확인한다.
18

하단 슈라우드 조정하기

하단 슈라우드를 조정할 때, 제법 느슨한 상태여야 한다. 세일링 하는 동안 풍상의 하단 슈라우드에 항상 하중이 걸릴 것이다. 풍상 슈라우드를 풀어주면, 마스트의 가운데가 풍하로 처질 것이다. 만약 당기면 마스트의 가운데가 풍상으로 갈 것이다. 우리의 목적은 보트가 20-25° 기울어지더라도 마스트를 옆 방향에 대해 직선으로 유지하는 것이다.

풍하 하단의 리깅 스크류를 한 바퀴 돌려 조이고 택킹한다. 마스트를 살펴보고 직선인지 확인한다. 스타보드 택과 포트 택에 대해 마스트가 직선이 될 때 까지 절차를 반복한다.

보트가 하버로 돌아 왔을 때, 올바르게 조정한 하단은 캡 슈라우드보다 훨씬 느슨할 것이다.

두 개의 하단 슈라우드

리그가 두 개의 하단으로 되어 있다면, 117 ~118 페이지처럼 마스트 벤딩이 변하지 않도록 두 슈라우드를 상대적으로 조정해야 한다.

한 세트의 하단으로 된 리그와 같은 절차이지만, 택킹하고 마스트를 확인하기 전에 **두 개**의 풍하 하단을 당겨야(또는 느슨하게 해야) 한다. 앞쪽 하단은 뒤쪽보다 좀 더 타이트해야 한다.

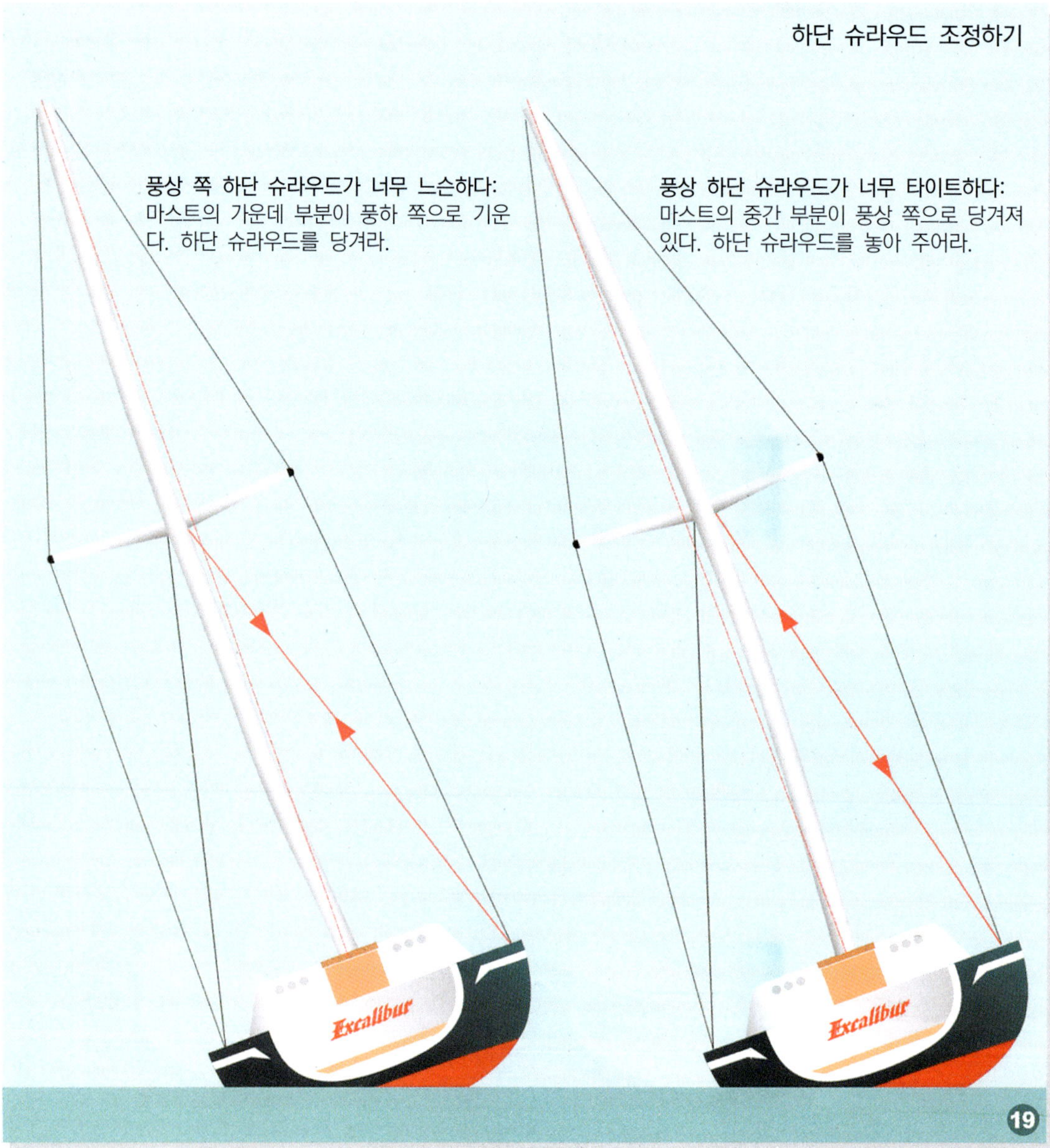
하단 슈라우드 조정하기
풍상 쪽 하단 슈라우드가 너무 느슨하다:
마스트의 가운데 부분이 풍하 쪽으로 기운다. 하단 슈라우드를 당겨라.
풍상 하단 슈라우드가 너무 타이트하다:
마스트의 중간 부분이 풍상 쪽으로 당겨져 있다. 하단 슈라우드를 놓아 주어라.
Excalibur
Excalibur
19

여러 단의 스프레더가 있는 리그

하단 조정하기

몇몇 전문가에 의하면 캡 슈라우드를 조정한 후 하단을 그리고 중간 슈라우드로 연결되는 위쪽 슈라우드를 조정하는 것이 **가장 일반적인 방법**이라고 한다. 또 한편 다른 사람들은 위에서 출발해 아래로 내려오면서 해야 한다고 한다.

어떤 방식으로든, 올바른 검증증이 마스트를 올바르게 세팅하는데 도움이 될 것이다. 왼쪽의 보트에서 풍상 하단이 너무 느슨하고 조정이 필요하다는 것은 확실하다. 오른쪽 보트의 경우는 풍상 하단이 너무 팽팽하고 마스트가 직선이 될 때가지 천천히 풀어야 한다.

항상 풍하 리깅 스크류를 한 번에 한 바퀴(최대 두 바퀴) 돌려 조정한다. 그리고 택한 후 그 결과를 확인한다. 하중을 받고 있는 풍상 리깅 스크류를 조정하려 하면 안 된다. 하중이 걸린 리깅 스크류의 나산 산을 망가뜨리는 가장 쉬운 방법이다.

덱부터 위쪽으로 하단과 중단을 튜닝하던 아니면 위에서 아래 방향으로 하던, 캡 슈라우드를 다시 조정하지 마라. 그렇지 않으면 리그 튜닝을 처음부터 다시 해야 한다! 이것은 보트에 아무리 많은 스프레더 세트가 있다 하더라도 적용되는 것이다.

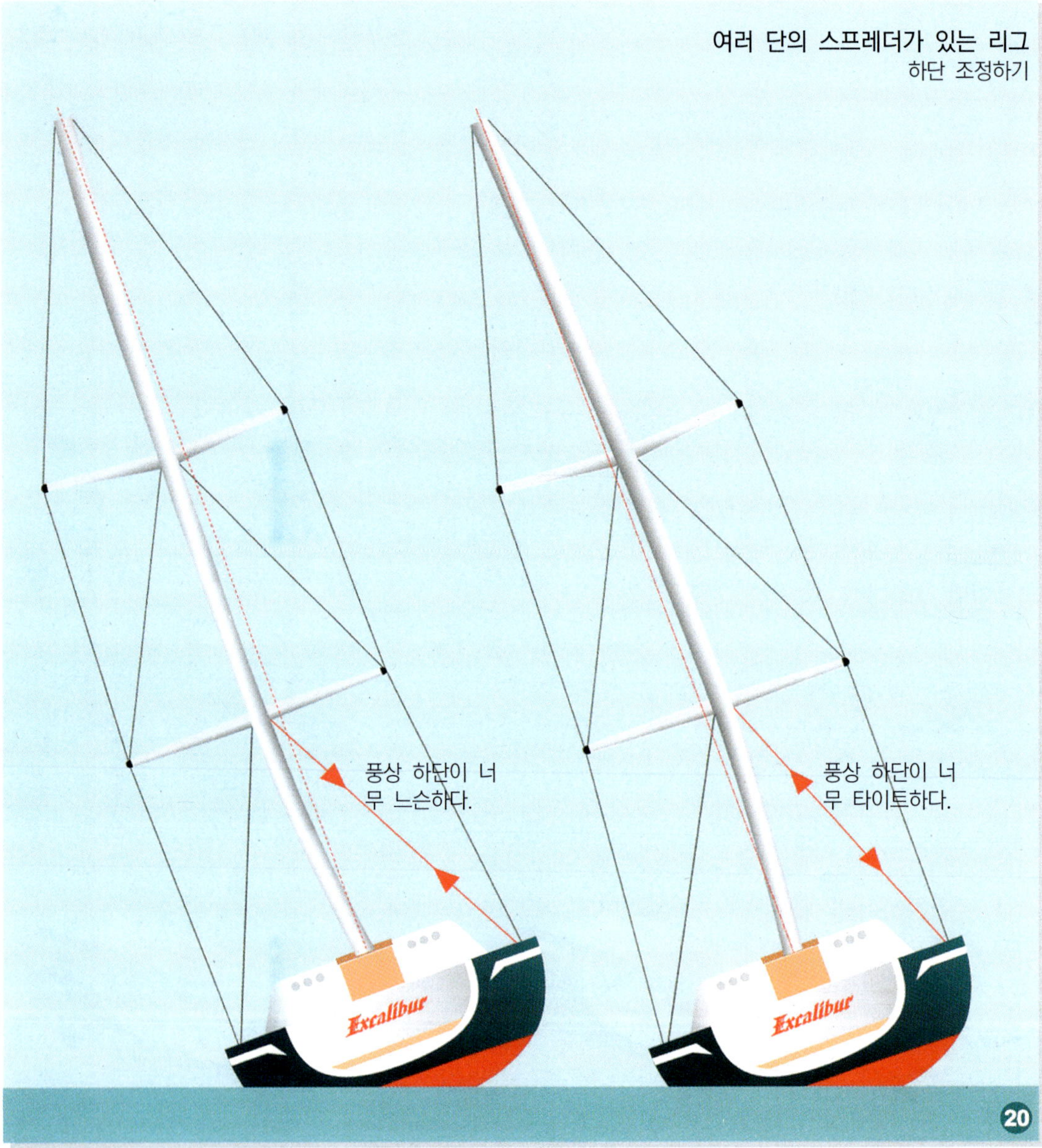
여러 단의 스프레더가 있는 리그
하단 조정하기
풍상 하단이 너
무 느슨하다.
풍상 하단이 너
무 타이트하다.
Excalibur
Excalibur
20

중간 조정하기

하단은 제법 직선이지만 마스트의 위쪽이 곡선이 된 것을 확연히 볼 수 있다. 그러므로 중간을 조정하여 마스트가 직선이 되도록 해야 한다. 왼쪽 보트는 마스트의 상단이 풍하로 기울어져 있다. 풍상 중간이 너무 느슨하고 따라서 마스트가 직선이 될 때 까지 천천히 당겨야 한다.

오른쪽의 보트는 풍상 중간이 너무 팽팽해서 마스트의 상단이 풍상으로 당겨져 있다. 캡 슈라우드가 너무 느슨해서 마스트의 상단이 풍하로 기우는 것처럼 생각할 수 있다. 그러나 이 시점에서 이미 캡 슈라우드의 최종 조정과 확인을 했기 때문에 문제는 다른 곳에 있는 것이다. 그래서 풍상 중간을 천천히 풀어 마스트를 직선이 되게 해야 한다.

어떤 중간은 처음부터 덱까지 연결되어 있어 조정을 덱에서 해야 하는 것도 있다. 이런 슈라우드는 **연속 중단**(Continuous intermediate)이라 한다. 다른 형태는 불연속 중단이다. 이런 것들은 스프레더부터 다음 스프레더 까지 대각선 방향으로 장착되어 있는 것으로 하단 스프레더 (A)에서 조정을 해야 한다.

여러 단의 스프레더가 있는 리그
중간 조정하기
풍상의 중간 슈
라우드가 너무
느슨하다.
A
풍상의 중간 슈
라우드가 너무
팽팽하다.
Excalibur
Excalibur
21

튜닝 도해

괄호에 참고할 페이지가 있다.

마스트헤드 리그

1. 마스트가 수직이 될 때까지 손으로 캡 슈라우드를 타이트하게 한다(106~107).
2. 포스테이와 백스테이로 마스트 레이크를 조정한다(108~109).
3. 캡 슈라우드에 파괴하중 15%의 텐션을 준다(114~115).
4. 마스트의 프리-벤딩을 세팅한다(116~117).
5. 최대 마스트 벤딩을 확인하고 조정한다(119~120).
6. 세일 하에서 캡 슈라우드를 확인하고 조정한다(123~124).
7. 세일 하에서 옆 방향에 대해 마스트를 곧 바르게 한다(125-132).

프랙셔널 리그 1(런닝 백스테이를 이용할 때)

1. 마스트가 수직이 될 때까지 손으로 캡 슈라우드를 타이트하게 한다(106~107).
2. 포스테이와 런너로 마스트 레이크를 조정한다(108~109).
3. 캡 슈라우드에 파괴하중 15%의 텐션을 준다(114~115).
4. 마스트의 프리-벤딩을 세팅한다(116~117).
5. 최대 마스트 벤딩을 확인하고 조정한다(119~120).
6. 세일 하에서 캡 슈라우드를 확인하고 조정한다(123~124).
7. 세일 하에서 옆 방향에 대해 마스트를 곧 바르게 한다(125-132).

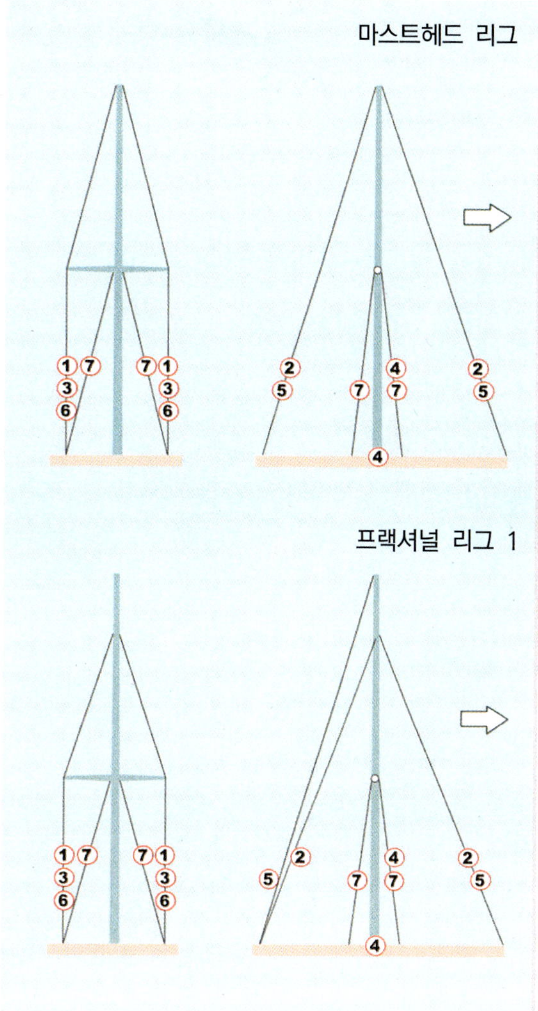

프랙셔널 리그 2(런닝 백이 없는 후방 스윕 스프레더를 이용할 때)

1. 마스트가 수직이 될 때까지 손으로 캡 슈라우드를 타이트하게 한다(106~107).
2. 포스테이와 백스테이로 마스트 레이크를 조정한다(108~109).
3. 캡 슈라우드에 파괴하중 20%의 텐션을 준다(114~115).
4. 마스트의 프리-벤딩을 세팅한다(116~117).
5. 최대 마스트 벤딩을 확인하고 조정한다(119~120).
6. 세일 하에서 캡 슈라우드를 확인하고 조정한다(123~124).
7. 세일 하에서 옆 방향에 대해 마스트를 곧 바르게 한다(125-132).

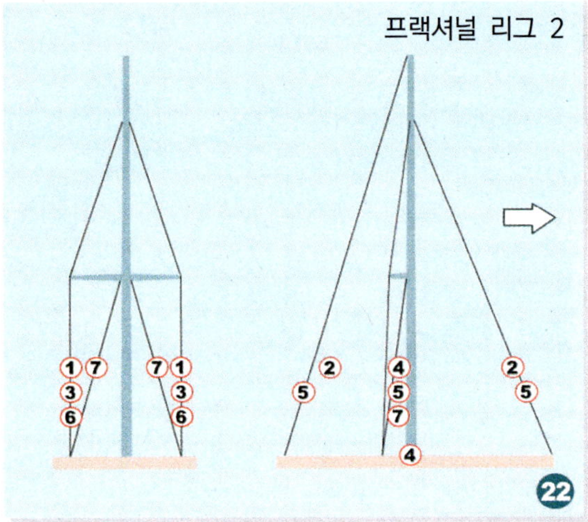

기타

리깅 스크류 체결은 항상 **오른 나사 부분이 아래로** 가도록 한다. 어느 쪽으로 돌려야 스테이나 슈라우드가 잠기는지 아니면 열리는 지를 기억하기 쉽기 때문이다. 리깅 스크류를 보통의 오른 나사 볼트로 생각하면 된다. 즉, 스테이나 스크류에 텐션을 주고 싶으면 오른 나사처럼 스크류를 돌리면 덱(너트)쪽으로 내려간다.

그림 23처럼 리그 볼트로 체결하고 분할 핀을 끼운다. 분할 핀이나 링은 리깅 스크류의 마지막 조정 후 고정할 때도 사용할 수 있다. 여기에 테이프를 둘러서 붙이거나 전체 리깅 스크류에 보호 커버를 씌우는 게 좋다. 헤드세일이나 시트가 분할 핀에 걸리는 것도 막을 수 있다.

록킹 리깅 스크류용으로 간단하고도 영리한 클램프도 있다. 분할 핀 대신 사용하며 리깅 스크류를 열거나 고정하는 게 간단하다. 리깅 스크류 모양으로 부드럽고 딱 맞게 되어 있어 세일, 시트나 옷이 걸리지 않게 해준다.

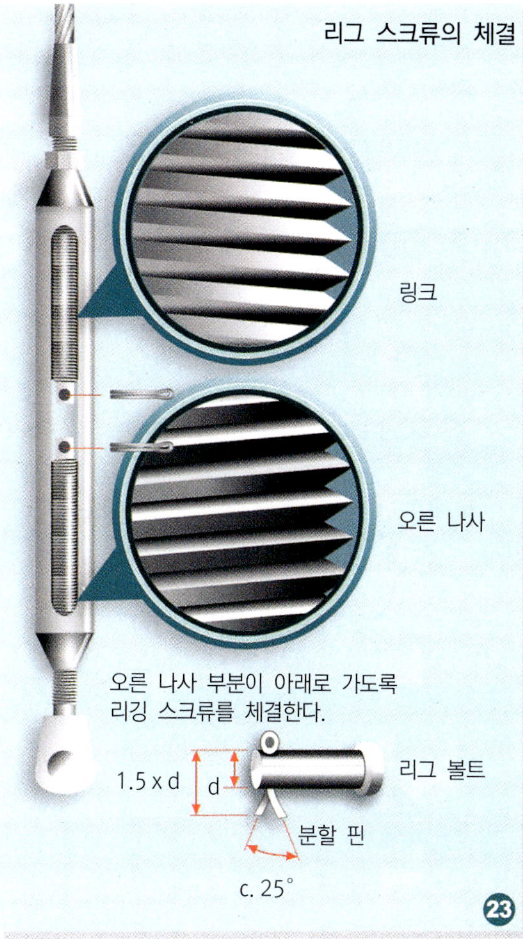

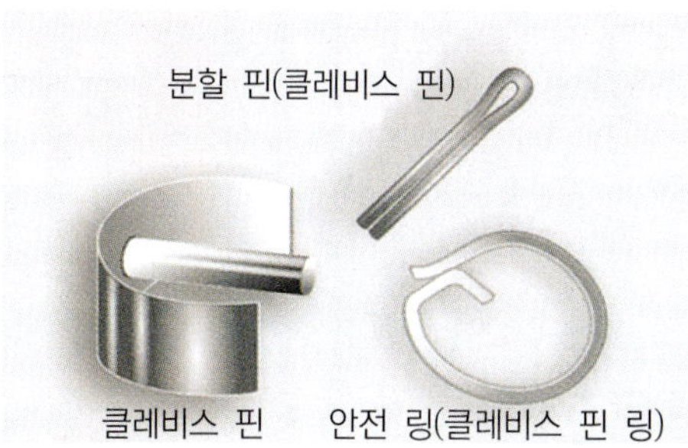

옆 방향 마스트 벤딩(횡방향 마스트 벤딩)

마스트헤드 리그의 꼭대기가 풍하로 기울어지면, 캡 슈라우드와 마스트 사이의 각도가 줄어든다. 이 각도가 줄어들수록 캡 슈라우드 텐션은 늘어난다. 슈라우드 텐션이 매우 높으면 마스트 피팅이 터져 나가거나 스프레더가 깨질 수 있다. 이 후, 마스트 파손이 일어난다. 이것이 캡 슈라우드의 프리-텐션을 올바르게 해야 하는 주된 이유이다.

앞서 이야기 했듯이, 포스테이 텐션은 마스트 꼭대기가 풍하로 기울어 질 때 줄어든다. 바람이 세어지면 백스테이의 당김이 마스트 꼭대기를 더더욱 풍하로 당기게 된다. 편평한 세일이 필요한 시점에 제노아의 처짐과 깊이가 증가하게 되는 것이다.

프랙셔널 리그에서 캡 슈라우드와 마스트 사이의 각도는 마스트 꼭대기가 풍하로 기울어지는 것만큼 변하지 않는다. 대신 마스트 꼭대기는 돌풍에 대해 충격 흡수기와 같은 역할을 한다. 즉, 마스트 꼭대기가 풍하로 기울어지고 마스트 가운데 부분이 풍상으로 휘면, 메인을 편평하게 하고 리치를 연다.

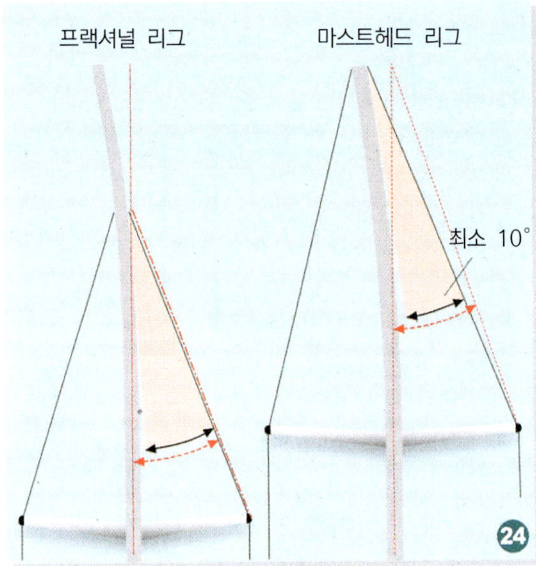

왜 캡 슈라우드에 프리-텐션을 주는가?

그림 25는 캡 슈라우드와 마스트 꼭대기 사이의 상호작용을 보여주기 위함이다. 이 예에서 두 캡 슈라우드는 각각 150 kg의 프리-텐션을 받고 있다(1번). 먼저 이 리그에 횡 방향으로 200 kg의 힘(바람에 의한)이 걸린다. 프리-텐션이 없었다면 풍상 슈라우드는 전체 하중을 감당해야 하고 풍하 슈라우드는 완전히 느슨해졌을 것이다. 그러나 풍하 슈라우드에 150 kg의 프리-텐션이 걸려 있기 때문에, 바람의 힘에 의해 마스트 꼭대기가 옆으로 기울어지면, 풍상 슈라우드가 늘어난 만큼 풍하 슈라우드는 줄어들 것이다.

이제 풍상 슈라우드 텐션은 풍하 슈라우드 텐션이 줄어드는 만큼 늘어날 것이며 그것은 100 kg이다(2번). 그러므로 마스트헤드는 프리-텐션이 없었을 때의 절반 정도의 길이로 풍하 쪽으로 움직일 것이다. 풍상 슈라우드의 텐션은 프리-텐션에 바람에 의한 힘의 절반을 더한 것으로 150 kg+100 kg=250 kg이 된다. 풍하 슈라우드 텐션은 프리-텐션에 바람에 의한 힘의 절반을 뺀 즉, 150 kg-100 kg=50 kg이 된다.

만약 바람의 힘이 300 kg으로 늘어나면(3번), 풍하 슈라우드 텐션이 0 kg이 됨을 알 수 있다. 설정한 프리-텐션 모두를 사용한 것이지만, 아직까지 마스트 꼭대기는 프리-텐션이 없을 때의 거리에 비해 단지 절반만 풍하로 움직였다. 바람의 힘이 더 커져서 350 kg이 되면(4번), 풍상 슈라우드 혼자 늘어난 50 kg 전부를 감당해야 한다. 풍상 슈라우드 텐션은 이제 300 kg에서 350 kg으로 늘어난 반면, 풍하 슈라우드는 더 이상 하중이 없으며 처지게 된다. 이는 슈라우드가 175 kg 또는 그 이상으로 프리-텐션 되었을 때 이동하는 거리에 비해, 마스트 꼭대기가 풍하로 두 배로 움직이게 되는 것이다.175-350/2=0.

그래서 캡 슈라우드를 프리-텐션하는 것이 가장 중요하며 그렇게 하여 가장 강한 바람이 올 때 풍하 캡 슈라우드 텐션이 다만 0이 되도록 하는 것이다. 프리-텐션은 다양한 바람세기에 대해 충격흡수기 역할을 하며, 마스트 꼭대기가 더 조절이 잘 되도록 유지한다.

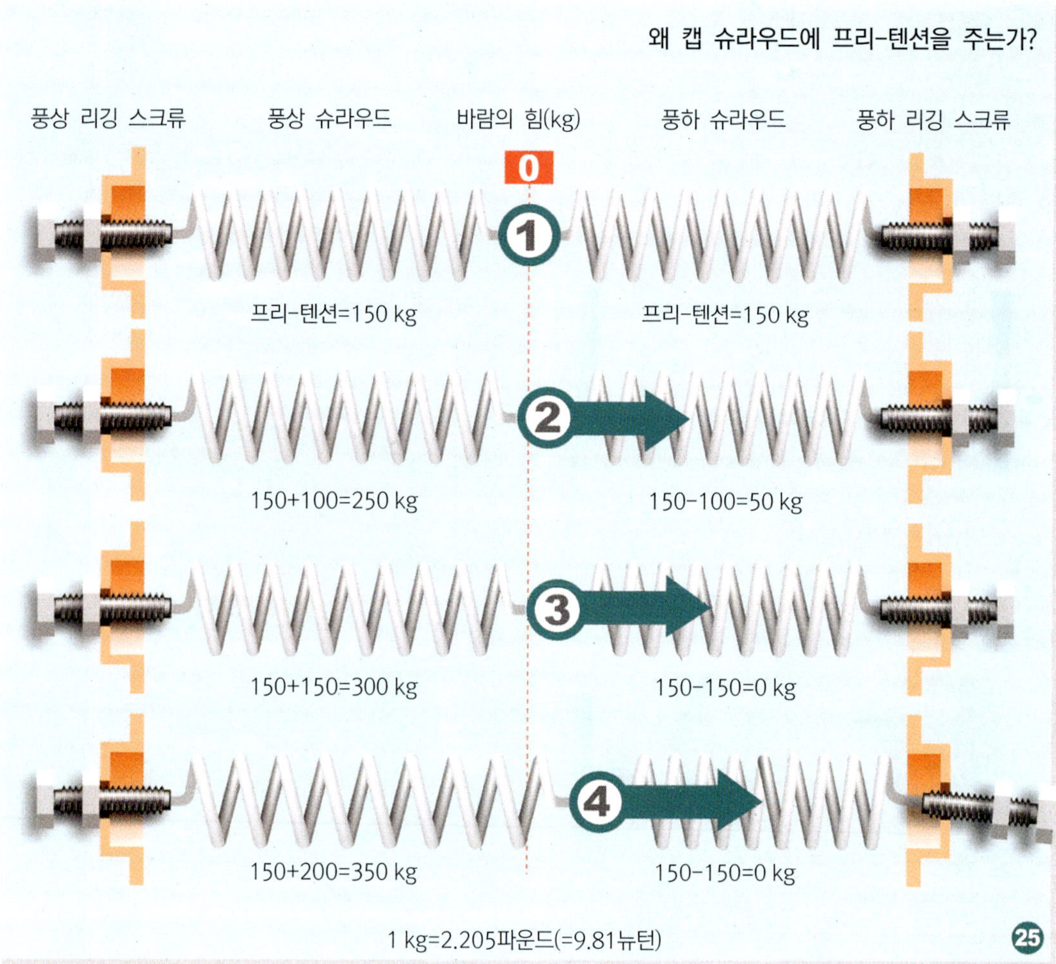
왜 캡 슈라우드에 프리-텐션을 주는가?
풍상 리깅 스크류
풍상 슈라우드
바람의 힘(kg)
풍하 슈라우드
풍하 리깅 스크류
0
1
프리-텐션=150 kg
프리-텐션=150 kg
2
150+100=250 kg
150-100=50 kg
3
150+150=300 kg
150-150=0 kg
4
150+200=350 kg
150-150=0 kg
1 kg=2.205파운드(=9.81뉴턴)
25

이제부터는 세일과 리그 튜닝의 실전에 들어간다. 대상은 세일메이커인 노스세일(www.northsails.com)에서 제공하는 J/24이다. J/24는 길이 24피트의 킬보트로 대칭 스피니커와 스피니커 폴을 사용하는 소형 범용 크루저이다.

J/24는 크루저 세일링의 입문 교과서라 할 수 있는 배이며, 크루저에 입문하려는 초급자와 세일링 기술을 정교하게 하려는 중급자에게 적당하다. 특히, 배가 작아 팀 빌딩과 마스터에 무리가 없고 시간적, 경제적으로 가성비가 뛰어나다. 뒤에 나오는 ORC의 레이팅 자료에서 제공하는 속력 가이드(Speed guide)를 활용하면 세일과 리그의 튜닝과 트림 연습에 도움이 될 것이다.

ORC 웹사이트(www.orc.org)의 세일러 서비스(Sailor service)에는 선주나 스키퍼 또는 크루들이 경기에 활용할 수 있는 여러 서비스가 제공되어 있으니 잘 활용하면 상당한 도움이 될 것이다. 가령, 인쇼어 경기에서는 "스크랫치(Scratch)" 기능을 활용하면 경쟁해야하는 상대 배들과의 시간차를 자동으로 계산할 수 있다. 특히, 오프쇼어 경기에 필요한 세일챠트(Sail chart)의 구축에는 속력 가이드(Speed guide)가 큰 도움이 될 것이다.

노스세일, ORC와 앞서의 튜닝에 관한 내용에서 사용하는 용어에 약간의 차이는 있다. 이런 부분은 각주에 나타내었으니 독자들은 참고하길 바란다. 또한 노스세일과 ORC에는 많은 전문가가 포진해 있어 도움이 필요하면 언제든지 연락해서 조언을 얻을 수 있다. 그들 역시 경기를 하는 세일러로 바로 여러분의 동지임을 기억해 주기 바란다. 노스세일의 윌, 로라 그리고 ORC의 돕스에게 감사 말씀 전한다.

J/24 튜닝 가이드

www.northsails.com/sailing/en/resources/j24-tuning-guide-newport

노스세일 J/24 퀵 튜닝 매트릭스(Quick tuning matrix)를 다운로드 하시오: 루스 게이지 프로 PT2 (Loos gauge PRO PT2), 루스 게이지 프로 모델 B(Loos gauge PRO model B)[30]

노스세일의 J/24 세일을 구매해 주셔서 감사합니다. 이 튜닝가이드는 당신의 새 세일에 맞도록 보트를 세팅하는 것을 도울 것입니다. 과정 중에 의문이 있으면 저희에게 전화나 이메일을 주십시오. 언제든지 당신과 당신의 크루가 새 세일로부터 많은 것을 얻어 낼 수 있도록 도울 것입니다. 또한 J/24와 관련된 많은 글 들이 노스세일 웹사이트에 게시되어 있습니다. 당신의 이해를 향상시키는데 도움이 될 것입니다.

이 튜닝가이드는 가능한 “범용(All purpose)”에 맞추어져 있습니다. 다른 많은 원-디자[31]인처럼 J/24 역시 몇 장의 세일을 사용해서 다양한 바람과 해상상태를 대응해야 합니다. 여기에 쓰여 있는 대로 보트를 세팅하면 모든 상황에서 좋은 속력을 얻을 것입니다.

30) 리그 텐션 게이지들이다. 검색해보면 바로 찾을 수 있다.
31) 설계는 또는 설계해서 나온 그 결과는 전 세계적으로 하나(One design)이지만, 보트를 만드는 보트빌더는 전 세계 여러 곳일 수 있다.

마스트를 올리기 전에

- 마스트로부터 슈라우드와 스프레더가 만나는 끝 지점까지의 스프레더 길이를 계측한다. 스프레더는 가능한 짧아야 한다, 760 mm.
- 두 스프레더 모두 스윕(Sweep)이 같은지 확인한다:
    - 스프레더 바로 위에서 두 슈라우드 사이에 작은 줄을 단단하게 묶는다.
    - 트랙이 위쪽으로 향하게 하여 마스트를 거치대에 올린다. 마스트 버트(Mast butt, 끼우도록 되어 있다.)를 거치대 위에 걸친다.
    - 마스트 슈(Mast shoe)[32]의 뒤쪽 모서리를 기준으로 사용한다. 슈라우드 사이의 줄과 마스트 슈의 뒤쪽 모서리가 평행한지 살피면서 확인한다(그림 1).

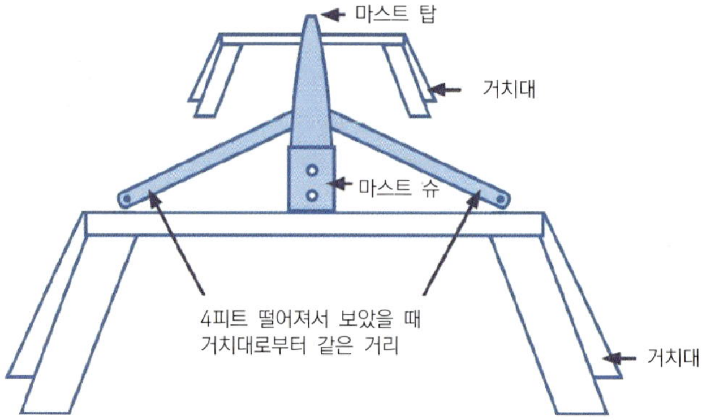

그림 1
평행하지 않으면 스프레더들을 떼어 낸 후, 한 쪽 아니면 다른 한 쪽에 관통 바(Thru bar)를 집어넣어 보완한다. 만약 관통 바가 없으면 줄을 이용하여 뭉툭한 수놈 피팅을 갈아내거나 아니면 스프레더 어드져스터(Adjuster, 조절기)를 사용하여 스윕이 같아지도록 한다.

- 이제 스프레더의 처짐을 확인한다. 타이트하게 당긴 줄과 마스트의 뒷부분 사이의 거리가 그것이다. "팻 헤드(Fathead)[33]" 메인의 경우 이 거리는 160-165 mm이다.
- 이전에 마스트를 짧게 하지 않았다면, 포스테이 고정점으로부터 마스트의 길이를 계측한다(클래스 규칙 3.5.2에 해당하며 헤드스테이 핀 중심으로부터의 거리는 7,725 mm이다). 마스트 길이를 줄일 수 있는지 알아내려면, 나중에 이 마크가 필요할 것이다. 가능한 마스트를 짧게 하려 할 것이다.
- 헤드스테이[34]는 가능한 길어야 한다. 이것을 확인하려면, 헤드스테이를 마스트의 앞면을 따라 고정하고 규칙 3.5.2에 해당하는 마크 지점(헤드스테이 핀 중심으로부터 7725 mm)을 헤드스테이에 마킹한다.

---

32) 앞서의 마스트 힐을 뜻한다.
33) 노스세일에서 제작하는 J/24 메인세일의 하나이다.
34) 포스테이를 말한다.

마스트를 세우고 나서

클래스 계측원이 승인된 지그를 이용하여 당신의 마스트를 검사하게 하여 마스트가 최대한 짧은지 확인하라. 앞서 마스트에 한 마킹은 시어라인 위로 400 mm 이상이어야 한다. 우리는 밴드의 아래가 시어라인 위로 405 mm가 되도록 마스트를 잘라내는데 이는 항상 계측에서 통과하기 위함이다. 그림 2를 보라.

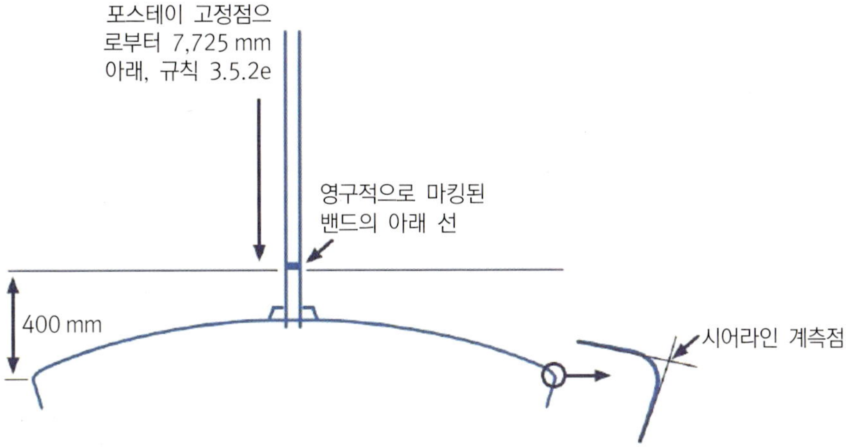

그림 2
포스테이 고정점(포스테이 핀 중심)으로부터 7,725 mm 떨어진 지점이 블랙밴드의 아래가 되며 블랙밴드의 아래부터 시어라인까지의 거리는 400 mm 이상이 되어야 한다. 클래스 계측원들은 특수한 형태의 지그를 사용해서 이 거리를 확인하다.

- ☐ 모든 마스트 블록을 잠시 동안 떼어 낸 후 마스트를 세우고 모든 슈라우드를 매우 느슨하게 고정한다(백스테이는 제외). 마스트 버트를 킬의 “I” 빔에 바이스를 이용하여 임시로 고정한다.
- ☐ 덱 레벨에서 마스트가 가능한 뒤로 가도록 위치를 잡았는지 확인한다. 크루 한명이 선수의 계측점에 줄자의 끝을 잡고 있게 한 후, 마스트 밴드 아래까지의 직선거리를 계측한다. 이 계측 거리가 가능한 최대 2,925 mm에 가까워지도록 한다. 마스트가 자리를 잡도록 덱의 마스트 링에 쵸크를 끼운다. 그림 3의 선수 계측점을 확인하라.
- ☐ 다음 단계는 마스트의 버트를 킬의 “I“ 빔 상의 적절한 위치에 놓는 것이다.

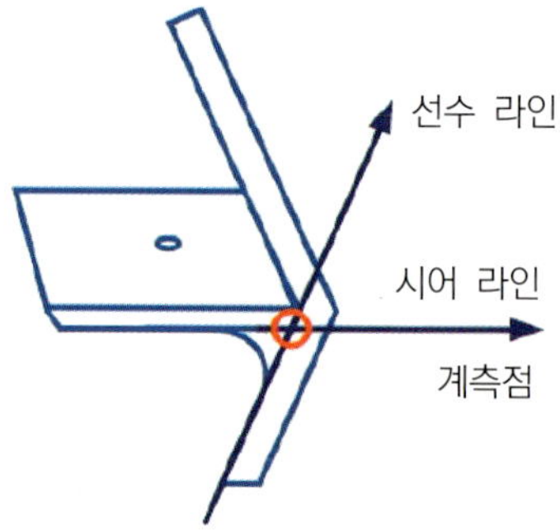

규칙 3.5.3(b)와 3.5.3c

그림 3 선수 계측점

크루 한명이 줄자의 끝을 선수 피팅을 붙이는 볼트 중 세 번째 볼트의 상단(보트 안, 선수에 있음)에 잡게 한 후, 마스트 앞면과 “I" 빔 위에 올라간 마스트 슈의 교차점까지의 직선거리를 계측한다. 이 거리는 112.5인치(2857.5 mm)여야 한다(그림 4). 이 위치에서 마스트 버트를 바이스로 임시 고정하여 마스트를 잡는다.

- 이제 루 모델 B 텐션 게이지로 상단 슈라우드를 20으로, 하단 슈라우드를 15로 타이트하게 한다. 상단을 먼저 한 다음[35], 제노아 헬야드를 이용해서 양 쪽 체인플레이트까지의 거리를 계측한다. 마스트가 보트의 가운데 놓였는지 확인할 수 있다. 마스트의 뒷면을 올려보면서 마스트가 직선인지 확인한다.

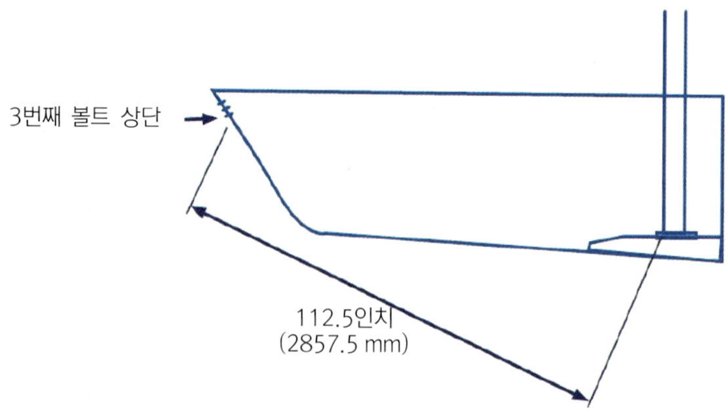

그림 4 볼트부터 마스트 슈까지의 직선거리 계측

35) 앞서의 내용에서도 캡 슈라우드가 가장 중요하였다.

- [ ] 이제 마스트 버트가 제자리에 놓였는지 확인한다. 백스테이가(매우 매우 느슨하게) 연결된 상태에서 헤드스테이의 텐션을 계측한다. 게이지의 끝이 헤드스테이 와이어의 가까운 쪽에서 약 40-50 mm여야 한다(그림 5). (우리는 새 게이지를 좋은 컨디션으로 유지하기 위해 헤드스테이 계측에는 오래된 루스 게이지 B를 사용한다.)

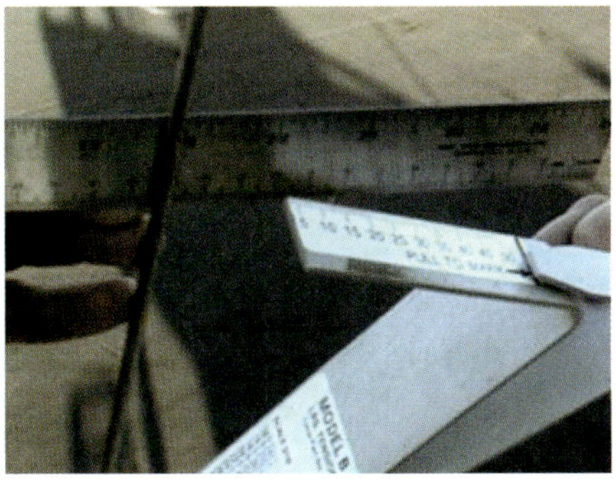

그림 5 헤드스테이 텐션 계측

만약 헤드스테이가 이보다 더 타이트하면, 마스트 버트를 뒤로 약간 옮겨야 한다. 만약 더 느슨하다면 앞으로 살짝 옮긴다. **버트를 옮기고 나면 헤드스테이의 텐션을 다시 확인하기 전에 슈라우드의 텐션을 다시 조정하고 확인하라.**

이렇게 하면 마스트에 2-2.25인치(50.8-57.2 mm)의 프리-벤딩이 세팅될 것이다. 이걸 확인하기 위해서 구즈넥(Gooseneck)에 메인 핼야드를 단단히 고정하고 마스트의 뒤쪽을 올려보면 된다. 만약 뭔가 다르다면, 계측을 다시 확인해 보라.

튜닝 챠트

J/24는 경기중에 네 장의 세일로 모든 바람 상황을 감당해야 한다. 각 상황에 최고의 성능이 나오도록 바람의 속력에 따라 슈라우드 텐션을 조정한다. 보트의 세팅 마지막 단계로, 하나의 세팅에서 다른 세팅으로 바꿀 때 턴버클을 몇 회전해야 하는 지를 튜닝 챠트에 써두는 것이다. 경기 사이에 슈라우드 텐션을 종종 조정하며(경기중에 조정하는 것은 규칙 위반이다.), 세일이 올라가 있는 상태에서 파도라도 있으면 정확한 텐션 게이지 수치를 읽어 내는 것이 불가능하다.

새 루스 게이지 프로 모델 PT-2(New Loos Gauge PRO Model PT-2)				
바람 속력(노트)	상단 텐션	상단(기본에서 회전)	하단 텐션	하단(기본에서 회전)
0-5	13	-1	9	-1
5-8(기본)	15	기본	12	기본
8-10	17	1	13	0.5
10-12	18	0.5	15	0.5
12-14	22	1.5	18	0.5
14-16	24	1.5	22	1
16+	26	0	26	1.5

오래된 루스 게이지 프로 모델 B(Old Loos Gauge PRO Model B)				
바람 속력(노트)	상단 텐션	상단(기본에서 회전)	하단 텐션	하단(기본에서 회전)
0-5	18	-1	10	-1
5-8(기본)	20	기본	15	기본
8-10	23	1	18	0.5
10-12	24	0.5	21	0.5
12-14	27	1.5	24	0.5
14-16	29	1.5	27	1
16+	29	0	31	1.5

백스테이에 대한 특별한 주의:

슈라우드의 텐션을 조정하면 백스테이의 텐션도 바뀐다. 슈라우드를 조이거나 풀어줄 때마다 두 개의 작은 백스테이 턴버클도 조이거나 풀어야 한다. 그래야 조정 시트가 느슨할 때, 백스테이 브리들(Bridles)에 있는 블록이 백스테이에 있는 "Y" 아래 6-8인치(152.4-203.2 mm)에 있게 된다. 이것은, 상황에 따라 헤드스테이가 충분히 조여지거나 느슨하게 될 수 있기에 매우 중요하다(보통 세팅 간에 각 백스테이 렉(Backstay leg)에서 6바퀴 조정을 한다.).

이제 세일링을 시작할 준비가 되었다!

세일 트림

세일의 셋업과 트림에 이 가이드라인을 따르라.

메인세일(Mainsail)

아웃트홀(Outhaul)

- ☐ 0-4노트 : 클루는 블랙 밴드[36](Black band)로부터 1/2인치(12.7 mm)에 둔다.
- ☐ 4+ 노트 : 클루는 블랙 밴드(Black band)에 둔다.

커닝험Cunningham)

12노트 부근까지 커닝험을 하지 않는다. 그 이후 러프의 주름이 막 사라질 때까지만 당긴다.

뱅(Vang)[37]

- ☐ 업 윈드(Upwind)
  - 8노트까지는 느슨하게 유지.
  - 8-15노트에서는 모든 느슨함을 없애는 정도로 당김.
  - 15노트 이상에서는 매우 타이트하게 하여 메인시트를 놓더라도 붐이 올라가지 않도록 한다.
- ☐ 다운 윈드(Downwind): 탑 배턴이 붐과 평행하도록 타이트하게 한다.

트래블러(Traveler)

모든 크루가 풍상 쪽에 앉아 다리를 밖으로 뺄 때까지 풍상 쪽으로 끝까지 올려 유지한다. 크루들이 풍상 쪽에 앉아 다리를 빼자마자 6인치(152.4 mm) 내린다. 그 후, 카[38](Car)의 풍하 쪽이 트랙의 가운데 올 때까지 트래블러를 놓아 주어서 보트를 편평하게 유지하도록 한다. 보트를 바로 세우기 위해 가운데 보다 더 아래로 내려야 할 경우에는, 백스테이를 더 당겨라. 우리는 트레블러가 중심선의 풍하로 내려가 있는 상태에서 세일링하기를 싫어한다.

백스테이(Backstay)

메인과 제노아의 풍만함을 조절하기 위해 사용한다. 8노트 부근까지는 느슨하게 두라. 바람이 세어지기 시작하면 보트의 힘을 빼기 위해 천천히 당긴다. 가장 타이트하게 당겼을 때, 블록들은 푸시핏(Pushpit) 위까지 내려오게 될 것이다. 조그마한 조정(1-2인치, 25.4-50.8 mm))이 큰 효과를 낸다. 슈라우드에 따라 백스테이 턴버클의 조정을 확인하라.

---

36) 붐에 있는 블랙 밴드를 말한다.
37) 앞에서 이야기한 키커, 키킹 스트랩 또는 붐 뱅을 말한다.
38) 트래블러 카(Traveler car)를 말한다.

메인시트(Mainsheet)

10노트의 바람까지 탑 배턴이 붐에 평행하도록 그리고 맨 위 텔테일이 시간의 50-60%로 날리도록 메인시트를 당긴다. 10노트가 넘으면, 메인세일의 윗부분이 편평해 지기 때문에 맨 위 텔테일은 항상 날릴 것이다.

제노아(Genoa)

제노아의 트림은 크게 세 개의 조정과 연관되어 있다 : 리드 위치, 핼야드 텐션 그리고 시트 텐션이다.

핼야드(텐션)

제노아의 러프에 주름이 보일 듯 하는 정도로 핼야드를 세팅한다. 핼야드를 너무 타이트하게 하는 것보다는 너무 느슨하게 하는 것이 훨씬 낫다. 바람이 약할 때, 러프가 느슨하면서도 반듯하게 한다. 바람이 점점 강해지면, 러프가 매끈하게 빠지도록 헬야드를 당긴다.

제노아 핼야드의 클릿트(Cleat)나 스토퍼(Stopper) 부근에 몇 개의 마킹을 해서 여러 상황에 따라 재빠른 세팅을 할 수 있도록 하는 것이 중요하다. 우리는 1/2인치(12.7 mm) 단위로 줄줄이 마킹 한다.

리드 위치(Lead position)

공장에서 뚫어 놓은 제노아 트랙의 각 구멍사이에 추가로 두 개의 구멍을 뚫는 것이 중요하다. 공장의 표준간격은 효과적인 것과 거리가 있기 때문이다.

리드의 올바른 위치가 좋은 속력의 열쇠이다. 4-8노트의 바람에서는 세일을 안으로 집어넣는 그리고 세일이 스프레더와 체인플레이트 또는 턴버클에 정확히 같은 시간에 건드리도록 리드 카의 위치를 트림한다. 이 위치를 마킹하라. 이 지점이 집 리드의 중립점이 된다.

시트 텐션(Sheet tension)

시트 텐션은 세일이 스프레더 끝에서 얼마나 많이 떨어져 있느냐로 확인한다. 일반적으로 우리는 절대 스프레더 끝에서 1인치(25.4 mm) 보다 더 팽팽하도록 세일 트림을 하지 않는다.

메인세일 세팅 챠트				
바람 속력(노트)	트래블러	백스테이	맨 위 배턴 각도	아웃트홀
0-6	끝까지 위로	없음	3° 닫음	안으로 1/2인치 (12.7 mm)
7-12	아래로 3-4인치 (76.2-101.6 mm)	1/4	3° 닫음부터 평행	안으로 1/2인치 (12.7 mm)
12-18	가운데	1/2에서 3/4	평행부터 3° 열	안으로 1/2인치 (12.7 mm)
18+	가운데서 2-3인치 아래로 (50.8-76.2 mm)	최대	3°-6° 열	안으로 1/2인치 (12.7 mm)

제노아 세팅 챠트			
상황	리드	핼야드	시트
0-6, 잔잔한 수면	중립의 한 칸 뒤	주름	스프레더로부터 3-4인치 (76.2-101.6 mm)
0-6, 거친 수면	중립	주름	스프레더로부터 3-6인치 (76.2-152.4 mm)
7-13, 잔잔한 수면	중립	이제 막 매끈하게	스프레더로부터 2-3인치 (50.8-76.2 mm)
7-13, 거친 수면	1-2칸 앞으로	주름	스프레더로부터 2-4인치 (76.2-101.6 mm)
14-18, 거친 수면	1-2칸 앞으로	매끈하게	스프레더로부터 4-6인치 (101.6-152.4 mm)
18+, 거친 수면	중립	타이트하게	스프레더로부터 6-8인치 (152.4-203.2 mm)

집(Jib)

리드 위치의 정교한 튜닝을 위해, 각 집 트랙에 있는 공장에서 뚫어 놓은 구멍들 사이에 추가로 두 개의 구멍을 뚫어라. 체인플레이트와 집 리드 블록으로 시작해서 거기서부터 리드 위치를 정교하게 튜닝 한다.

제노아와는 달리, 집의 러프는 항상 매끄러워야 한다. 제법 센 바람에서는 러프를 과하도록 타이트하게 해도 된다. 세일의 러프가 아래와 위 모두 균일하게 깨져야 한다. 윗부분의 세일이 먼저 깨지면, 리드를 앞으로 옮긴다. 아랫부분이 먼저 깨지면 리드를 뒤로 옮긴다. 이를 세심하게 확인하고 덱 위 올바른 지점에 마킹을 한다.

시트 텐션은 대단히 중요하다. 헬름의 균형을 맞추기 위해 집 시트의 텐션을 조정하고 싶다. 보트에 살짝 웨더 헬름이 걸리면 선수를 아래로 당기도록 집을 살짝 트림한다. 만약 리 헬름이 걸리면 집을 살짝 놓는다. 종횡비[39](Aspect ratio)가 높은 세일이라서 시트의 텐션을 조금만 변화시켜도(1/2인치로 증가) 그 효과가 크다.

스피네커(Spinnaker)

스피네커는 항상 최대로 올려야 한다. 일반적인 트림의 법칙은 세일의 러프에서 2-4인치(50-102 mm)의 말림이 일어날 수 있어야 한다는 것이다. 폴의 끝이 세일의 클루와 같은 높이가 되도록 한다(즉, 가이와 클루가 같은 높이이다). 그리고 가이를 당겨 폴이 어패런트 윈드에 직각이 되도록 한다. 거의 대부분의 상황에 대해 상단 폴 링[40](Upper pole ring)을 사용하라. 너무 느리게 가면, 폴을 1-2인치 정도 올린다.

풍하 - 약한 바람

헬름즈맨과 스피니커 트리머 간의 좋은 의사소통에 집중해야 한다. 목표는 스피네커의 힘을 유지하면서 가능한 낮게 범주하는 것이다(시트에 걸리는 힘으로 알 수 있다). 높이 범주해서 거리를 늘리면 안 되지만 그렇다고

39) 세일의 높이(예: 리치의 길이)와 폭(예: 풋의 길이)의 비라고 생각하면 되겠다.
40) J/24는 마스트에 두 개의 폴 링(Pole ring)이 붙어 있다.

속도를 잃을 정도로 너무 낮게 범주해도 안 된다. 폴을 너무 뒤로 당기지 않도록 주의하라. 너무 당기면 스피니커가 편평해 진다.

풍하 - 강한 바람

너무 폴을 뒤로 빼서 직각을 맞추지 마라. 만약 그러면 스피니커가 웨더 쪽으로 펴지기 쉬워진다. 스피니커의 클루가 헤드스테이 앞으로 나가지 않도록 하라. 웨더 쪽으로 펴지지 않고도 낮게 범주하기 위해, 크루들을 풍상 쪽에 하이크시켜라.

풍하 팁

폴 높이가 중요하며 1인치(25 mm) 단위의 변화도 스피니커에 큰 영향을 끼친다. 세일의 러프는 위부터 아래까지 균일하게 말려야 한다. 높은 곳이 깨어지면 폴을 올린다. 낮은 곳이 깨어지면 폴을 낮춘다.

트위커(Tweaker) 또는 트윙(Twing)[41]의 사용 여부를 떠나 폴을 정위치에 고정시킬 포가이(Foreguy)[42] 시스템이 중요하다. 폴이 올라가고 내려가도 또는 앞으로 뒤로 움직이는 것은(따라서 스피니커도) 보트를 앞으로 전진시키지 못하게 하는 에너지이다.

스피니커를 올리고 내리는 효율적인 시스템도 중요하다. 우리는 딥 콕핏 론칭 백(Deep cockpit launching bag)을 추천한다.

결론적으로:

- 항상 보트를 최대한 바로 세워서(편평하게 해서) 세일링 하라. 매우 약한 바람에서는 예외이다.
- 가능한 최대 크루 무게(400 kg)에 근접하게 하여 세일링하라.
- 만약 보트가 느리면, 세팅을 바꾸는 것을 걱정하지 마라.
- 튜닝 챠트를 만들어 활용하라.
- 보트에서는 열린 마음으로 서로 소통하라.
- 빨리 달리고 즐겨라!

세일의 보관과 유지

당신이 예상하던 성능을 얻기 위해 적절한 유지, 관리를 하여야 한다. 세일의 수명을 길게 하는 가장 중요한 인자는 하중이 많이 걸리거나 쓸리는 부분의 닳거나 찢어지려는지 살피는 것이다. 세일을 씻을 때는 민물을 사용하고 완전히 말린 다음 보관한다. 건조한 온화한 날씨가 좋다. 너무 많은 열은 세일을 줄어들게 하는 가능성이 있기 때문에 문제를 일으킬 수 있다. 메인, 제노아와 집은 말아 두는 것이 가장 좋다.

---

41) 트위커, 트윙, 바버 홀러(Barber hauler) 등 시트를 조절하는 다양한 시스템이 있다. 시트를 보트의 안쪽으로 당기는 것은 바버 홀러 또는 인홀러(Inhauler), 시트를 밑으로 내리는 것은 트위커 또는 트윙이다.

42) 폴의 업홀과 다운홀처럼 폴을 고정시키는 시스템을 말한다. 경우에 따라 다운홀을 말하기도 한다.

메인세일

세일을 올리고 내릴 때, 세일이 접히거나 주름이 생기는 것을 최소로 한다. 세일에 주름이 생길 때 마다 천의 파손 속도가 많이 빨라진다. 항상 누군가가 리치와 러프를 조절할 수 있도록 한다.

배턴은 세일에 같이 있어도 문제가 없다. 배턴이 꼬이지 않도록 리치 아래에서 세일을 감는다.

제노아

요즘의 마일라(Mylar)는 더 부드러워서 마는 것이 점점 어려워진다. 접을 때는 접히는 부분에 주름이 생겨 마일라가 파손되는 것을 가속한다. 최악의 시나리오는 세일을 말아서 다시 접는 것이다.

집

집을 말 때는, 배턴이 리치에 수직이 되도록 유지한다. 배턴과 배턴 포켓이 닳고 찢어지는 것에 특히 주의한다. 이 세일은 방적이 조절된 다크론(Dacron)을 사용하기 때문에 잘 못 다루면 문제가 발생한다.

스피네커

스피네커의 보관은 제법 간단하다. 찢어진 부분이나 재봉이 뜯어져 있으면 바로 수리를 하라. 세일은 접어서 보관한다.

이 튜닝가이드는 J/24 경기를 하는데 알아야 할 것의 시작일 뿐이다. 노스세일의 J/24 전문가 집단은 깊이 있는 J/24 경기 클리닉을 준비했으며 당신과 당신 플릿의 향상을 도울 준비가 되어 있다. 저녁이나 주말 코스를 통하면, 한 시즌 경기를 통해 배우는 것보다 더 많은 것을 알 수 있다. 자세한 내용은 노스세일 전문가 집단에 연락 바란다. 그 외 이 튜닝가이드에 대한 코멘트가 있으면 역시 연락해 주길 바란다.

세일과 리그의 튜닝

2021년 4월 10일 초판 인쇄

2021년 4월 15일 인쇄 발행

저 자 Ivar Dedekam

역 자 이준

발 행 인 송기수

발 행 처 도서출판 GS인터비전

편 집 처 도서출판 GS인터비전

편 집 인 공예서

표지디자인 디자인붐

인 쇄 처 더블비

등록번호 제 25100-2016-000050호

I S B N 979-11-5576-364-3(13530)

주 소 서울 은평구 증산로 15길 69 2층

전 화 02-976-7898, 02-3272-7898.

팩 스 02-6468-7898

홈페이지 gsintervision.co.kr

E-Mail gsinter7@gmail.com

정 가 20,000원

이 책의 무단전재, 복제, 복사는 저작권법 제 97조에 의거 5년 이하의 징역 또는 5천만원 이하의 벌금에 처하게 됩니다.